民國歷史與文化研究

六 編

第 **5** 冊

重慶陪都時期股份有限公司法人治理結構研究

賈 銳 著

花木蘭文化事業有限公司

國家圖書館出版品預行編目資料

重慶陪都時期股份有限公司法人治理結構研究／賈銳 著——
初版 — 新北市：花木蘭文化事業有限公司，2017〔民106〕
目 2+182 面；19×26 公分
（民國歷史與文化研究 六編；第 5 冊）
ISBN 978-986-485-143-0（精裝）
1. 公司　2. 企業管理
628.08　　　　　　　　　　　　　　　　　　106013732

ISBN-978-986-485-143-0

9 789864 851430

民國歷史與文化研究
六　編　第五冊　　　　　ISBN：978-986-485-143-0

重慶陪都時期股份有限公司法人治理結構研究

作　者　賈　銳
總 編 輯　杜潔祥
副總編輯　楊嘉樂
編　輯　許郁翎、王筑　美術編輯　陳逸婷
出　版　花木蘭文化事業有限公司
社　長　高小娟
聯絡地址　235 新北市中和區中安街七二號十三樓
　　　　　電話：02-2923-1455 ／傳真：02-2923-1452
網　址　http://www.huamulan.tw 信箱 hml 810518@gmail.com
印　刷　普羅文化出版廣告事業
初　版　2017 年 9 月
全書字數　137972 字
定　價　六編 10 冊（精裝）台幣 18,000 元

重慶陪都時期股份有限公司法人治理結構研究

賈　銳　著

作者簡介

賈銳

法學博士

全國法制宣傳模範個人

西南政法大學律師學院副院長

重慶市十佳律師

律師執業 17 年，銀行工作 5 年，先後在大成、國浩等知名律所執業；時薪寶軟體項目創始人；承辦了豬八戒網引進 IDG 風投等重大資本運作項目，實踐經驗豐富。

著有《投資併購法律實務（法律出版社，2014）》，上市 6 個月即售罄，並位列當當法律榜好評率第一，之後加印 4 次。

郵箱：1350569137@qq.com

提　　要

通過對重慶陪都時期股份有限公司法人治理結構的研究，筆者發現，無論從立法、理論還是實踐的角度看，這段時期的公司法人治理都已經達到了相當的高度。本文的寫作旨在達成三個目的：一是提示理論界重新認識和重視陪都時期乃至民國時期的公司法立法與實踐中的亮點；二是考證陪都時期乃至近代公司法立法與實踐中的大量具體理論問題，澄清一些失之偏頗或模糊不清的觀點；三是借鑒當時的公司立法與實踐對接的經驗，為當代公司立法及實踐提供參考。

本文除導論外，包括總論和分論兩個主要部分：

總論部分（第一章）是近代公司、股份有限公司及其法人治理結構概述。寫作這一部分的目的主要是介紹一些基本的事實，闡明一些基本的理論問題，從而為後文的論述打下基礎。這部分包括公司及股份有限公司的制度沿革、在我國的發展狀況、我國的公司立法以及股份有限公司法人治理結構四個方面的簡要介紹，主要是梳理前人的研究成果，但也會提出一些自己的觀點。例如，理論界一致認為清末《公司律》未規定公司法人地位，屬於立法缺失。筆者經研究當時的歷史背景及之後的立法演變，認為這不屬於缺失，而是屬於有意識的取捨，且並未造成不良後果。

分論部分（第二、三、四、五章）是對公司法人治理結構各部分，即股東會、董事會、經理人、監察人及其相互關係的研究。這是本文的主幹，內容盡可能全面：既研究股東、經理人、董事、監察人的個體，也研究股東會、董事會、經理團隊、監察人團隊的整體；既研究各機構自身的產生（設置）及職權的行使，也研究各機構之間的互動關係，其重點是「董事會中心主義」在陪都時期公司中的確立。具體說：

第二章探討股份有限公司股東和股東會有關問題，包括股東身份的取得、股東的權利與義務、股東數量、小股東利益保護、股東會的組織、股東會的職權範圍及其與董事會、經理人、監察的關係等，旨在說明陪都時期公司有關股東身份取得和股東會議召開的程序比較嚴謹，公司的社會公眾性較高，確立了表決權限制等保護小股東利益的強有力的機制，並站在股東會的角度，重點分析了股東會與董事會、經理團隊、監察人之間的關係，得出了股東會一般不干預公司經營管理的結論。

第三章介紹陪都時期股份有限公司董事的產生、權力、義務、責任及激勵機制，進而介紹董事會的組成、會議的召開和職權的行使，並對陪都時期頗具特色的常務董事制度進行介紹。筆者認為，陪都時期公司法人治理結構中「董事會中心主義」的理念已經基本確立，無論是在制度安排上還是在實踐中，董事會都擁有廣泛的權力，在公司治理中處於中心地位。本章將重點論證這一觀點，並就有學者認為民國時期（含陪都時期）公司實行「總經理負責制」較為普遍的觀點提出商榷意見。

　　第四章考證陪都時期公司經理人產生、報酬、義務和責任，進而探討其職權和地位。儘管直到 1946 年《公司法》才首次專設一節規定有關經理人的事項，但此前陪都時期公司大都通過章程、組織大綱等文件明確了經理人及其團隊的組成及職權。因此，此前的公司法沒有關於經理人的規定，對於經理人發揮作用並無實質性影響。與前一章關於董事會的主導地位的論述相呼應，本章將重點探討經理人與董事會之間的關係。

　　第五章研究監察人的產生、任期、報酬，以及監察人行使職權的情況，重點介紹常駐監察、監察人會議等有特色的制度，並探討監察人與股東會、董事會、經理人的關係。重點是通過對監察人激勵機制、職權範圍以及一些監察人行使職權案例的分析，論證陪都時期監察人「形同虛設」這一觀點的偏頗之處。

目
次

導　論

一、選題背景及意義

（一）選題背景

過去十餘年間，筆者接觸過較多與公司法有關的法律事務，並對公司法立法及有關理論關注較多。在博士論文選題時，筆者自然將目光投向了近代公司法。

近代有四部公司法，清末一部（《公司律》1904 年頒佈），民國時期三部（《公司條例》1914 年頒佈；《公司法》1929 年頒佈；《公司法》1946 年頒佈），以下亦合稱「四部公司法」。考慮到理論界對晚清《公司律》的研究較多，最初筆者本來想研究「民國時期」公司法關於公司的設立、運行、清算解散等各項制度。後經老師指導和進一步思考，筆者將研究範圍集中在陪都時期重慶的股份有限公司法人治理結構方面，其基本的原因是研究「陪都」時期公司法律制度的一個方面要比研究整個民國時期的公司法律制度更集中，同時有以下幾點考慮：

首先，股份有限公司是近代（含陪都時期）最主要的公司形態，數量最多、資本最雄厚，影響力最大。據 1930～1931 年間對上海 1883 家工廠的調查，其中採用公司組織的僅 330 家（其中股份有限公司 281 家），但這些公司擁有的資本額卻占被調查工廠總資本額的 70%以上（其中股份有限公司擁有的資本占被調查工廠總資本額的 63.1%）。〔註 1〕可見，當時公司在經濟生活

〔註 1〕 張忠民：《艱難的變遷——近代中國公司制度研究》，上海：中國社會科學院出版社，2002 年版，第 267 頁。

中扮演著重要角色，而股份有限公司又是民國時期公司的主要形式和主力軍。後文還會列舉數據來說明這一點。

其次，在陪都時期各種公司類型中（包括無限公司、兩合公司、股份有限公司、股份兩合公司，1946 年公司法又規定了有限公司），有關股份有限公司的法律規定最完善，特別是有關法人治理結構的規定比較完備，內容豐富，史料也相對較多。

再次，公司法人治理結構是公認的公司制度中的核心問題。黨的十五屆四中全會早 1999 年通過的《關於國有企業改革和發展若干重大問題的決定》指出，「公司法人治理結構是公司制的核心」。同時，公司法人治理也是當前一個世界性的難題，如能對其進行研究並形成一定成果，具有較大的理論和實踐價值。

（二）選題意義

本書的寫作，旨在達成以下三個方面的目的：

一爲改變態度，即提示理論界重新認識和重視陪都時期乃至民國時期的公司法立法與實踐。通過對陪都時期重慶股份有限公司法人治理結構的考察，筆者發現：這段時期的公司法人治理及各項制度，無論從立法、理論和實踐角度看，都已經達到了相當的高度；而另一方面，理論界對此缺乏客觀的認識，甚至存在一些偏見和不合理的輕視（本文第一章將詳細介紹）。筆者希望通過挖掘陪都時期重慶股份有限公司法人治理結構在制度設計和實際運行中的亮點，引起理論界對這段時期公司法律制度的關注。

二爲考證問題，即考察、論證研究陪都時期乃至近代公司法立法與實踐中的大量具體問題，澄清一些失之偏頗的觀點，盡可能得出客觀、公允的結論。

筆者對近代公司法以及陪都時期公司法律制度中的大量具體問題進行了考證，並提出了自己的觀點。在此舉幾例如下：

——民國公司法關於股份有限公司法人治理結構的規定，與當代公司法相比，是否存在功能性缺失？

——陪都時期股份有限公司的股權結構是否趨於集中，社會公眾性是否較低？

——法律規定每個股東表決權的五分之一上限是否「具文」？

——官利在陪都時期實踐如何，將本作息是否普遍？

——近代及陪都時期公司法人治理是以董事會爲中心還是以總經理爲中

心？哪種情況是主流？

　　——常務董事制度的實踐到底怎樣？

　　——董監聯繫會議制度有何特點和優點？

　　——如何看待民國公司法要求董事、監查人必須具備股東身份的規定？

　　——民國時期公司對董事、監察人、經理人的激勵機制有何特點和優點？

　　……

　　在上述這些問題上，筆者都以大量史實爲依據，結合有關立法和理論，提出了自己的觀點，並對當代其他學者提出的觀點提出了商榷意見。

　　三爲以史爲鑒。當代中國的《公司法》與實踐脫節的現場相當嚴重，實踐中很多問題（如小股東利益保護、股東對董事及經理人的監督、董事長總經理爭權等）無法從法律上找到有效的解決辦法。究其原因，客觀方面，公司法是二十世紀的舶來品，在中國缺乏傳統的支撐；主觀方面，公司法立法本身照搬西方立法過多，忽視與傳統的對接。通過對民國時期公司法制度的研究，可以幫助我們更深入地思考：當時的公司立法如何與實踐對接，當時的公司如何運用公司法，從而爲當代公司立法及實踐提供借鑒。

二、研究範圍

　　以下就「陪都時期」、「股份有限公司」、「法人治理制度」的具體範圍作簡要說明。

（一）本文所稱陪都時期

　　本文所稱「陪都時期」，在 1937 年（民國二十六年）至 1949 年（民國三十八年）之間。雖然直到 1940 年 9 月 6 日，國民政府才「明定重慶爲陪都」，但 1937 年 11 月 20 日國民政府發佈《移駐重慶宣言》，國民政府遷渝，使重慶成爲事實上的戰時首都。〔註2〕1946 年 4 月 30 日，國民政府頒佈還都令，定於 5 月 5 日還都南京。1946 年 2 月 5 日，蔣介石在重慶官邸回答外國新聞記者問：「還都以後重慶之地位如何」？答曰：「還都以後，重慶將永久成爲中國之陪都……」。〔註3〕儘管 1946～1949 年期間重慶已經不是戰時首都，一部分企業（公司）也已經逐步遷回上海及其他東部地區，但本文仍將其納入研

〔註2〕　張弓、牟之先：《國民政府陪都史》，重慶：西南師範大學出版社，1993 年版，第 6 頁。

〔註3〕　同上注，第 630 頁。

究範圍，這是考慮到公司的經營以及法律環境的發展進程有其連續性，這段時期的史料仍然彌足珍貴。

本書所採用的史料絕大部分也限定在這一時期。又，在 1935 年（民國二十四年）開始國民政府已有遷渝的意圖，故對於在 1935～1937 年期間有特別重要意義的公司檔案史料，亦偶有採用。

（二）本文所稱股份有限公司

「股份」指全部資金劃分為等額的股份，「有限」指股東以其認購股份為限對公司承擔責任，公司以其全部資產為限對公司債務承擔責任。股份有限公司即為具備這些特徵的企業法人。

股份有限公司的概念雖如此，但在不同地區不同時期其具體要求又有所區別。我國現行公司法（2005 年頒佈）規定，設立股份有限公司須有二人以上二百人以下為發起人；而現行臺灣地區公司法（2009 年頒佈）則規定二人以上股東或政府、法人股東一人都可組織股份有限公司。

於陪都時期而言，1929 年公司法規定發起人為 7 人以上，1946 年公司法規定股東為 5 人以上。本文所稱股份有限公司係基於這兩部法律的規定的界定。

關於陪都時期股份有限公司的數量、資本以及其立法的完備程度，在本文第一章將有詳細說明。另，關於公司及股份有限公司的理論淵源、歷史沿革，本文第一章也將作系統介紹。

（三）本文所稱公司法人治理結構

一般認為，狹義的公司法人治理結構是指公司內部的股東會、董事會、監事會、經理人等機關的設置及其相互關係。本文第一章將進一步介紹公司法人治理結構的概念、模式及演變過程。

三、研究狀況和文獻史料綜述

（一）研究狀況

以下從近代公司和近代公司法人治理結構兩方面，介紹之前的研究成果

1. 關於近代公司制度的研究成果

建國後對近代公司制度的研究不多。自二十世紀九十年代開始，隨著建設社會主義市場經濟理念的確立，這方面的研究才漸漸受到重視，主要研究成果有：

　　上海市檔案館出版的《舊中國的股份制（1868～1949）》，該書收錄了近代中國一些股份有限公司的章程、規則及有關法規，但容量不大，無法進行統計分析。

　　豆建民《中國公司制思想研究》，其亮點是不但探討了大家關心的近代公司中的國家資本和家族問題，還具體重點探討了近代公司股權限制思想、法人持股思想等，實際上也包含對具體制度的研究。

　　李玉《晚清公司制度建設研究》對晚清官督商辦、《公司律》和官方對公司發展的鼓勵政策進行了深入研究。

　　中國政法大學江眺的博士論文《政府權利和商人利益的博弈：以《公司律》和《公司條例》為中心》對晚清、北洋時期的公司立法進行了研究。筆者認為，其對北洋時期公司法的司法適用進行了探討是一個亮點。

　　復旦大學朱蔭貴《中國近代股份制企業研究》通過對幾家知名近代公司的個案研究，揭示近代股份制公司發展的特點，頗有特色。

　　華東政法大學魏淑君的博士論文《近代公司法史論》對近代中國四部公司法及其配套法規的立法背景、立法過程、法律內容、實施效果等進行介紹和論述。筆者認為其亮點是較全面、完整，為後來的研究者提供了較多的研究素材。

　　最值得一提的是上海社科院教授張忠民先生 2002 年出版的《艱難的變遷——近代中國公司制度研究》一書。該書洋洋 40 餘萬言，內容主要有三部分：一是公司制度演進的社會環境，重點探討了傳統經濟組織對公司制度的影響以及近代中國的公司立法；二是公司形態的邏輯演進以及公司的數量及空間分佈；三是公司的類型、公司的法人治理結構以及公司組織對企業成長的推動作用。該書內容全面，史料豐富，說理透徹，持論公允，表現出嚴謹的學術態度和高超的理論水平。該書研究範圍幾乎包括了近代公司研究的所有主要方面，筆者認為堪稱近代公司制度研究的總綱。在近代企業研究領域，張教授除了發表大量文章之外，還撰寫了《南京國民政府時期的國有企業》、《近代中國的企業，政府與社會》等專著，其研究的廣度和深度達到了相當高的水平。

2. 關於近代公司法人治理結構的研究成果

　　公司法人治理結構的概念有時與公司治理的概念混用。關於公司治理，主要研究成果有楊在軍的《晚清公司與公司治理》和高新偉的《中國近代公司治理（1872～1949 年）》，但由於對概念界定不同等原因，這兩本著作均未

涉及公司法人治理結構問題。同樣情況的還有楊勇《近代中國公司治理思想研究》。

基於本文的界定，眞正對近代公司法人治理結構有較深入研究的成果主要有二：一是中國政法大學法律史專業郭瑞卿的博士論文《略論近代公司法律制度》，以專節對近代公司法律治理結構的制度安排進行了關注和研究，分別介紹了股東會、董事會、經理人和監察人的職權。二是張忠民教授的《艱難的變遷》一書也專節介紹了近代公司法人治理結構，並列舉了不少個案支持其觀點。這兩本著作因另有主旨，這部分內容均未能展開，甚至未能獨立成一章。

綜觀之前的研究，可謂碩果累累，爲後來者打下了良好的基礎。同時，部分研究成果還存在以下不足：

（一）不恰當的輕視

少數研究成果「以成敗論英雄」，居高臨下地看近代公司制度，以近代公司數量少、不發達、未能振興近代中國經濟爲由，對於近代公司制度發展的地位、作用認識不足，對於近代公司制度及其運行中的閃光點研究不夠，甚至以「失敗」定論。筆者認爲，近代公司發展狀況到底怎樣、其發展不利的部分是否公司法律制度不健全所導致，都有待考證，而不宜以「失敗」定論〔註4〕。

（二）宏觀研究多，微觀研究少

公司制度是由很多具體制度組成的。以開董事會爲例，就至少涉及以下問題：

——多久開一次？

——什麼情況下召開（如何提議、召集）？

——以什麼方式通知（提前多少時間，書面還是口頭，是否需要登報）？

——通知內容是否必須包括全部提案（開會臨時提議是否有效）？

——董事本人不來可否委託他人？受委託人是否必須也是董事？

—— 一名董事最多可以代理幾名董事出席？

——多少比例的董事出席會議才能召開？

〔註4〕 姬沈育：「從中國近代公司制度的失敗看現代企業制度的建立」，《經濟經緯》，1998 年第 6 期，第 69 頁。

——會議主席如何確定（董事長是否當然是主席）？

——董事會議主席有何權力（如雙票權）？

——會議程序如何？

——多少比例的董事同意才可以表決？

——贊成和反對的人數相等如何決定？

——會議記錄和決議錄如何製作和保存？

——哪些事情董事會可以討論，哪些事情可以決定？

——總經理認為董事會決議不合理如何處理？

……

任何一項法律制度，都是由這樣一個個具體制度組成的。上述還只是董事會制度當中的一個方面所涉及的問題。把這些問題研究清楚，才可能就近代公司的董事會制度及其實踐得出科學結論。

（三）法律虛化

之前的研究成果，多突出分析近代公司制度之官商關係、家族作用等因素，忽視公司法律制度本身對於公司的內部治理和外部發展的重要作用。本人以為這是不符合事實的。儘管近代公司法律制度在實踐中被扭曲的情況大量存在，但不可否認，當時的公司法律制度不僅本身達到了較高的水平，也在實踐中成為公司治理的有力武器。

（四）研究領域和方向存在一些薄弱和空白之處

1. 歷史研究數量多且質量較高，法律研究少且質量相對較低。之前的研究成果中，從社會、政治、經濟、文化角度分析近代公司的較多，大部分著作都是社會學、歷史學（含經濟史）等領域學者的學術成果，從法律角度分析公司制度的較少。

2. 對上海、江浙一帶公司的研究多，對川渝一帶的公司研究少。近代公司的發展有兩個中心，一是上海及江浙一帶，二是抗戰後大批企業遷川，使得以川渝為中心的西南地區成為企業（公司）的集聚地。目前的史料，大多以上海檔案館館藏的一些公司檔案（上海及江浙公司為主）作為主要內容，而對近代川渝公司檔案的研究和整理相對較少（重慶檔案館工作人員告知，其館藏的公司登記檔案利用率較低，很少有人來查閱）。巧合的是，新中國成立以來對近代公司制度的研究者和有分量研究成果，大部分都出自上海學者之手。

（五）實踐性不夠強

公司法律制度實踐性相當強，且新中國公司法的發展歷程也只有寥寥 10 餘年（1993 年頒佈《公司法》）。客觀地講，新中國公司法的立法水平未必高於民國時期的公司法（特別是 1929 年公司法和 1946 年公司法）；從法人治理結構相關規定看，民國時期的公司法並無功能性缺失，而且在一定程度上，有些規定比當代更加細緻、合理。民國時期公司法理論的研究和探討相當活躍，尤其是在當時不成熟的政治、經濟、文化和社會環境下，公司法理論和現實（傳統和「現代」）的碰撞更爲激烈。這些，都對我們完善新中國的公司法有著重要參考意義，不僅僅是在立法思想層面，更包括在制度、條文設計層面本身。古爲今用，在公司法領域具備充分的條件。遺憾的是，不少研究成果大都缺乏對公司制度方面的具體經驗教訓的總結，給人隔靴搔癢之感。

（二）文獻資料

本文參考的歷史文獻資料主要有：

1. 立法方面

近代 4 部公司法及其他有關法律、法規。

2. 理論方面

主要是重慶圖書館的民國文獻館館藏的一些民國時期公司法理論書籍及文章，例如姚成瀚的《公司條例釋義》和王效文的《中國公司法論》以及民國時期學者關於公司法的理論文章；還有民國時期 3 部公司法原文等（筆者已將這三部法整理爲簡體，晚清《公司律》已有學者整理出簡體版）

這兩本書對當時的公司法逐條分析，旁徵博引，廣泛研究西方各國立法，結合中國實際情況分析取捨之道，體現了相當高的理論水平。1914 年頒佈的公司條例，雖不實行於陪都時期。但該條例及當時的公司法理論，奠定了之後立法及理論研究的基礎（後文詳述），故姚成瀚的《公司條例釋義》一書也很重要。王效文的《中國公司法論》在民國時期曾多次再版，評價很高。

3. 公司檔案方面

主要是是重慶檔案館 40 餘家陪都時期重慶公司的檔案（有關公司及其檔案的簡介請見本書附錄）。這些檔案並非登記機關存檔，而是公司自身保存的檔案，因此比較完整，不但包括公司章程、設立登記過程等資料，還包括股東會會議記錄、董事會會議記錄、各項工作開展、書信往來等各類文件，能

夠較好地反映公司法人治理結構各部分的產生及運行。40 家公司當然不能完全說明問題，但筆者認爲，這些檔案仍然具有相當的代表性，其原因：

第一，這 40 家公司基本包括了重慶檔案館目前所能查閱的全部陪都期間公司檔案，這個「樣本庫」是隨機產生的，筆者並未有意進行取捨。這就使得筆者得以進行一些統計分析，得出的結論應當比個案分析更爲客觀。

第二，民國時期，由於條件限制（如不同部門統計口徑不一、有些公司未登記、上報基礎資料不準確等〔註 5〕），不同來源的官方統計數據相矛盾的情況較多，檔案資料反映的情況在可靠性方面不一定弱於當時官方統計數據。

上海檔案館整理的《舊中國的股份制》一書的史料也有一定的參考價值。

經西政校友的幫助聯繫，筆者還訪問了當前的民生實業公司。在民生公司研究室的支持下，筆者查閱、複印了民生公司在陪都時期的股東會記錄、組織規程等珍貴史料。經該研究室項主任引薦，筆者還有幸訪問了盧作孚先生當年的「小秘書」、曾任當年民生實業人事股長、97 歲高齡的陳代六老先生。陳老先生耳聰目明，記憶清晰，爲筆者介紹了民生公司在陪都時期董事會與經理人的工作情況，提出了當時的公司學習西方公司制度「學得最早，學得最好」新穎觀點，並回憶了盧作孚、杜月笙、鄭東琴等知名人物參與當時公司活動的情況。筆者深受教益。

特別說明，爲保持檔案資料的原始性，本文中引用的陪都時期公司檔案所使用的年份均爲民國紀年。

四、結構安排及寫作思路

本文除導論外，包括三個主要部分：

第一部分是陪都時期及此前的公司、股份有限公司及其法人治理結構概述。寫作這一部分的目的主要是介紹一些基本的事實，闡明一些基本的理論問題，從而爲後文的論述打下基礎。這部分包括公司及股份有限公司的制度沿革、在我國的發展狀況、我國的公司立法以及股份有限公司法人治理結構四個方面的簡要介紹，主要是梳理前人的研究成果，但也會提出一些自己的觀點。例如，理論界一致認爲清末《公司律》未規定公司法人地位，屬於立法缺失。筆者經研究當時的歷史背景及之後的立法演變，認爲這不屬於缺失，而是屬於有意識的取捨，且並未造成不良後果。又如，對於公司發展階段及

〔註 5〕　張忠民：《艱難的變遷——近代中國公司制度研究》，第 247～251 頁。

其類型，筆者也提出了補充意見。

第二部分是對公司法人治理結構各部分，即股東會、董事會、經理人、監察人及其相互關係的研究。這是本文的主幹，內容盡可能全面：既研究股東、經理人、董事、監察人的個體，也研究股東會、董事會、經理團隊、監察人團隊的整體；既研究各機構自身的產生（設置）及職權的行使，也研究各機構之間的互動關係。

第三部分是結語，除了對前文內容進行總結外，還對一些有爭議的問題提出了自己的看法。

五、研究方法

本文主要採用以下研究方法：

（一）歷史研究的方法，主要是採用考據方法研究陪都時期及此前的公司法律制度；同時，本文注重將當時的法規、理論和實踐三方面結合起來分析，形成觀點；這些觀點並不以當代學者的觀點爲參考，相反，筆者還力圖通過歷史研究的方法對當代學者的觀點進行印證。

（二）法解釋學的方法，即用來明確法律條文的內容、意義、構成要件、適用範圍、法律效果的解釋方法，如文義解釋方法、目的解釋方法等，同時，也結合公司檔案中的具體事件對法律概念進行解釋。具體說，本文首先對基本制度進行細分（如董事會制度細分爲取得董事身份、董事權利和義務、董事會職權及會議召開等等多項具體制度），然後就細分後的每項具體制度所對應的法律條文進行解說。

（三）比較研究的方法。通常來講，此方法多用於對不同法系、不同國家的法律制度進行比較；本文則偏重於對不同時期的多部公司法及其實踐情況進行縱向比較，以揭示其演進的規律。

六、本文的創新

相對於已有研究成果，本文有以下創新：

（一）觀點的創新

一是鮮明地表達對陪都時期公司立法及實踐的贊賞態度，主張充分認識民國時期公司法律制度的重要地位和作用，挖掘其閃光點；同時結合當時的

政治、經濟、文化和社會環境，客觀地看待民國時期公司法律制度的不足之處。

二是對一些具體法律問題進行了深入論證，對一些可能存在錯誤的結論進行辯證，提出自己的觀點。

從本文的主題出發，最大的創新則是對之前對於民國時期（含陪都時期）公司法人治理結構的運行情況的主要觀點進行了不同的解讀：

1. 關於股東會，前人觀點多認為民國時期公司股權結構相對集中，社會公眾性較低，股東會容易被大股東操縱，影響了其作用的發揮。而在本文第二章中，筆者通過數據統計和對大量股東會議記錄的研究，提出陪都時期股份有限公司股權結構相對比較分散，社會公眾性較高；而且 1929 年《公司法》規定的嚴厲的表決權限制制度使得小股東的發言權明顯增加，小股東權利得到更好的維護。

2. 關於董事會和經理人之間的主次關係，前人觀點多認為民國時期的公司經營管理「總經理負責制」為多數，「董事會負責制」為少數。筆者通過對陪都時期大量公司章程、董事會議記錄、經理人工作記錄等的研究，並結合當時國際上的公司治理理論發展趨勢，提出董事會在公司所處地位和實際行使職權（人事權、財權、重大事務決定權等）方面都處於絕對的優勢，所謂總經理負責制只是個別的現象。

3. 關於監察人，前人觀點幾乎一致認為民國時期的監察人制度形同虛設。筆者首先通過對法規及章程等公司內部文件的研究，提出陪都時期的監察人制度設計與當代相比併無功能性缺失；並特別強調當時的監察人都具備股東身份，基本都參與年終盈餘的分配，其激勵機制遠遠強於當代的監事制度，故其行使監察權的積極性應當高於當代公司的監事人員。其次，筆者列舉了公司檔案中一些監察人積極行使職權的案例，並認為如果與當代公司監事制度相比，當時的監察人制度並不顯得更軟弱。

（二）史料的創新

陪都時期重慶公司的法人治理結構尚無專著研究，也無人對這部分史料進行系統的整理。筆者為研究需要，整理（包括複印、摘抄、打印、校對、分類）的史料數量是上海檔案館《舊中國的股份制》一書內容的幾十倍。筆者相信這本身就是有價值的。

在查閱檔案過程中，檔案館工作人員告知筆者，這批檔案幾乎沒有人來查；

筆者在長達半年多查檔過程中，亦從未碰到有人查閱這部分史料。能夠整理並研究這段塵封的歷史，挖掘、展示陪都公司昔日的輝煌，筆者覺得很有意義。

（三）研究角度的創新

研究法律制度及其實踐必須緊密聯繫法律制度（條文）本身，這樣才能準確地把握法律制度的真正含義，這方面的工作之前比較薄弱。本文對民國三部公司法有關股份有限公司法人治理結構的條文進行了全面分析，將其分解為數十個具體法律制度，然後從公司檔案中找出與每個具體制度相對應的史料，從而得出該具體制度適用情況的結論。這一角度是比較特別的。

（四）研究對象的創新

從時間段看，清末、北洋公司制度已有專著研究，而陪都時期（包括整個南京國民政府時期）的公司制度尚無專著研究。

從地域看，之前的研究成果主要是基於對上海及東部較發達地區公司的研究，舉例時，主要是舉上海及東部其他地區的公司案例，而對於陪都公司的案例，少有涉及。陪都是近代公司發展的兩大中心之一，後文有數據表明，近代股份有限公司的發展，「抗戰前看上海，抗戰後看重慶」，對陪都時期重慶的股份有限公司的研究不應被忽略。

第一章　近代公司、股份有限公司及其法人治理結構概述

　　本章主要介紹公司及股份有限公司的沿革，從公司的形態變化、數量及地域分佈的變化介紹公司及股份有限公司在近代中國的發展情況，並介紹近代中國四部公司法的立法情況及內容要點，最後就當時公司法對股份有限公司法人治理結構的制度安排進行了梳理。本章寫作的主要目的是交代陪都時期股份有限公司所處的時代背景和經濟、法律環境，從而爲後文對股份有限公司法人治理結構的研究分析提供一個較清晰的背景。

第一節　公司及股份有限公司的沿革

　　本節從「公司」一詞在我國傳統上的用法入手，探討其成爲西方傳入的公司的對應名稱的原因，並對公司這種經濟組織在國外的起源及其傳入我國的過程進行介紹。然後，基於本文的主題，重點介紹了股份有限公司的沿革。

一、公司的沿革

（一）近代以前的「公司」含義

　　中文「公司」一詞，顧名思義，公司有「共同管理」的意思，是英語「Compmay」或「Corporation」的譯稱。作爲一個中文詞語，這一名稱出現於何時，爲什麼會成爲與歐洲傳入的公司對應的翻譯用語，值得探究。

儘管近代中國的公司制度是自西方世界傳入，但史料表明，至遲在 17 世紀中葉，中國社會已經有被稱爲「公司」的組織。「日本學者松浦章依據《明清史料》中清廷兵部題本殘卷認爲，中國「公司」一詞的起源年代，至少可以追溯到時間更早的清康熙年間，因爲在現存的《明清史料》中已經明白無誤地存在關於「公司」的直接記載。儘管學界對松浦章的觀點仍有質疑，但「公司」一詞在中國近代之前被作爲一種組織含意被人使用，則是無疑的。」據考證，近代之前中國社會中的「公司」界定爲「是華語對商號，合股經營事業和會社的泛稱」〔註 1〕。「公司」本身所包含的「共同管理」的含義，以及作爲團體名稱被使用的經歷，無疑對於其被「選中」爲歐洲傳入公司的對應譯名有著天然的影響。

（二）「公司」一詞與西方傳入的公司經濟組織的對應

1819 年，馬禮遜編纂的《華英字典》第二部第一卷《五車韻府》，對「公司」詞條的解釋爲「by which Chinese designate European Companies。（意爲中國人以「指代」歐洲公司）」。可見，「公司」一詞在 19 世紀初期，已經在清帝國得到使用，或者至少是在廣東等地區得到較爲廣泛的使用〔註 2〕。

1840 年前後，特別是第一次鴉片戰爭失敗後，一些有識之士對海外國家經濟制度進一步加深瞭解，對「公司」一詞有了更多的認識。魏源編定於 1844 年的《海國圖志》中的「英吉利國總記」曾提到：「英吉利既常來，遂於乾隆四十幾年間創立公司。公司者，國中富人合本銀設公局……」此處的公司應是東印度公司。可見在 1840 年前後，中國已經有人認識到，公司實際上是「合本銀設公局」。1866 年，斌春在其所著《乘槎筆記》中，提到過「法國公司」〔註 3〕。1870 年，張德彝在其《航海述奇》中亦提到過「公司」概念〔註 4〕。

在「公司」一詞開始指代歐洲傳入的公司之後，甚至在清末《公司律》、民國《公司條例》頒佈後，「公司」一詞仍繼續用於公司法界定的公司之外的

〔註 1〕 張忠民：《艱難的變遷——近代中國公司制度研究》，第 56 頁。
〔註 2〕 魏淑君：《近代中國公司法史論》，上海：上海社會科學院出版社，2009 年版，第 10 頁。
〔註 3〕 斌春：《乘槎筆記》，載鍾叔河主編：《走向世界叢書》第一冊，湖南：嶽麓書社，1985 年版，第 83～144 頁。
〔註 4〕 張德彝：《航海述奇》，載鍾叔河主編：《走自世界叢書》第一冊，湖南：嶽麓書社，1985 年版，第 433～495 頁。

其他團體。姚成瀚先生在，「……其不以商行爲業而設立之團體，名雖公司而不包含於本條例範圍之內。例如爲研究學術、或爲預防災害而設立共濟主義之公司，即非本條例之所謂公司也」〔註5〕。簡言之，近代中國有公司法之後，公司具有了法定和俗稱的兩種不同含義。

（三）國外公司的沿革及公司制度傳入我國

對於國外公司的沿革及公司制度傳入我國的沿革，姚成瀚先生有過言簡意賅的描述，「公司制度，近世之產物也。往昔《羅馬法》中，無今日之所謂公司組織……洎乎中世，歐洲局勢驟變，以殖產興業之進步，遂促資本之集合；以家族制度之衰頹，及奴隸役使之禁止，遂起團體之觀念，而公司制度亦即於是胚胎焉。降及近代，因學術之進步，工商之發達，凡規模較大之事業，幾莫不以團體組織營之，而公司制度，乃始粲然大備。此歐洲公司之沿革也。至於我國，昔無公司之名，數人合資營業，公取協記、和記等名目，各人俱負無限責任，而私財與公財之界限，混淆不清。……海禁既開，歐風東漸，各國之新事業、新制度，亦隨其貨物以俱來：自輪船、電報等局招商集股，奏准仿辦，而鐵路、礦務、製造、銀行等業相繼興設，是爲我國有公司制度之始。其經營也，有由外人侵攬者，有由官款專營者，有官商合辦者，有官督商辦者……」〔註6〕。

當代學者一般認爲，美國 1837 年頒佈的《公司法》和英國議會 1844 年頒佈的《合股公司法》，分別規定了普通商人可通過註冊登記成立公司，這就使公司設立從政府特許主義轉變爲準則主義。自此，公司法意義上的現代公司出現了，有學者認爲，美英的這兩部法律的頒佈，標誌著兩國現代公司的來臨〔註7〕。

二、股份有限公司的沿革

清末 1909 年第二次全國商法討論大會通過的《公司律調查案理由書》對於股份有限公司的沿革進行了考證：「股份有限公司……其起源，學者之說，恒不一致。希臘、羅馬之時代殆絕無之。至中世紀見有謂起於意大利者，有

〔註5〕 姚成瀚：《公司條例釋義》，上海：上海商務印書館，1914 年版，第 13 頁。
〔註6〕 姚成瀚：《公司條例釋義》，第 4～5 頁。
〔註7〕 李雨龍：《公司治理法律事務》，北京：法律出版社，2007 年版，第 29～30頁。

謂起於歐洲之北海岸者。第一種即國家債權者之團體與銀行事業等，第二種即船舶共有是也。」〔註8〕

國家債權者團體是指各股東出資一定金額形成社團資本貸借給政府，資本分為各部分稱 Loca，即股份；各股東僅以出資為限承擔責任；回報為政府支付約定利息，或以國家收入委託該社團管理，如有盈餘即抵作利息，社團收益按股份分配。

船舶共有起因於航海事業所需資本巨大，風險也大，在沒有保險制度的情況下，投資者只有合股經營，一隻船舶多人共有，其份額可自由轉讓。在意大利及法國，習慣上分船舶為二十四部，英國法律上分船舶為六十四部，相當於有 24 股或者 64 股的股份有限公司。有觀點認為這類船舶共有者持有的並非金錢份額，故不同於股份有限公司，但可以肯定二者內在有相通之處。

股份公司自十五世紀出現，最初沒有統一的法規，一般以政府特許的方式設立。關於股份有限公司相關法律的出現，據姚成瀚先生、王效文先生考證，法國 1807 年《商法》首次規定了股份有限公司，此後其 1838 年關於鐵道之股份公司法及 1843 年之一般股份公司法對股份有限公司進行了規定；1861 年、1897 年德國商法、1862 年、1900 年、1908 年英國公司法都對股份有限公司進行了規定，股份有限公司法律制度逐漸完備。

姚成瀚先生認為：「股份有限公司者，即日本之株式會社，其組織不以股東之信用為重，而以資本為其成立之基礎，故亦稱物的公司，公司之債務以公司之財產作抵，股東之責任亦以其所有之股份為限，而其股份又得自由轉讓，入股退股甚屬便利，故人多樂從，而資本易於集合，凡需鉅資之大事業，非組織此種公司不能舉辦也。」姚成瀚先生同時指出，「資本絕巨之事」和「工程艱險之事」需要依賴公司的組織，深刻認識到了股份有限公司集合資本、分擔風險的作用。〔註9〕王效文則進一步指出：「……故其（股份有限公司）資本易集，擴充匪艱，巨舉偉業，率皆賴之，而近世經濟之發展，亦未始非其蓬勃磅礴有以使然也」〔註10〕。

〔註8〕 張家鎮等：《中國商事習慣與商事立法理由書》，王志華編校，北京：中國政法大學出版社，2003 年版，第 21 頁。
〔註9〕 姚成瀚：《公司條例釋義》，第 2 頁。
〔註10〕 王效文：《中國公司法論》，袁兆春勘校，北京：中國方正出版社，2004 年版，第 134 頁。

第二節　近代中國公司及股份有限公司的發展

　　本節對公司在我國發展過程中的外商公司及華人附股、官督商辦、國人自辦民營公司、國有大公司等形態及其演變作了較清晰的介紹，並對公司發展過程的數量演變和地域分佈進行了研究。基於本文的主題，重點介紹了股份有限公司的發展及其重要地位。

一、公司在我國的發展

（一）公司形態的演變

　　根據不同的標準，公司形態的演變階段可以作爲不同的劃分。從法律角度看，則以主要出資主體的演變過程劃分公司形態較爲妥當，具體如下：

1. 外商公司及華人附股（自 19 世紀中期開始）

　　五口通商前後，國外公司逐漸進入中國，在通商口岸設立分支機構或者新設機構，最早的人多是一些從事對外貿易的洋行。1852 年時，在上海的 41 家外國洋行中，英文名稱中有「公司」字樣的有 30 家之多〔註 11〕。由於當時的清政府沒有制定公司法，這些公司大多在母國或者香港註冊，也有的根本不註冊。

　　最初的外商公司公開募股的情況較少見。隨著外商公司的迅速發展，自 19 世紀 60 年代以後，中國境內的外商公司規模漸大，公開募股者漸多，主要體現在上海等地的公用事業公司（自來水、電力等）和早期私人公司的擴大經營（集中在航運、保險等行業）。

　　「華人附股」是指中國人以「附股」形式向外商公司投資入股。當時，人們注意到外國公司在中國獲得了豐厚的利潤，但清政府又沒有制定有關公司的法規，中國人無法自由設立公司。在這種情況下，依附於外國公司的特殊「附股」行爲自然成爲中國資本分享利益的方法。一般認爲，外國商人在華創辦的第一家股份制企業是 1835 年英商寶順洋行在澳門開設的於仁洋面保安行（保險公司），而它一開始就是由「廣東省城商人聯合西商糾合本銀」開設〔註 12〕。可見，華商附股與外商公司進入中國幾乎是同步的。華人附股較爲集中的是在新興的輪船航運業中，其中最典型的是 1862 年旗昌輪船公司設

〔註 11〕陳文瑜：「上海開埠初期的洋行」，《經濟學術資料》，1983 年第 1 期，第 10 頁。
〔註 12〕《彙報》，1874 年 7 月 4 日。

立時，華人附股達到了三分之一以上〔註 13〕。

華商附股興起於 19 世紀中葉，而自興起直到 20 世紀初，都在持續增長中。1912 年上海海關關冊記載，上海「本口商務，愈覺年盛一年。如創辦集股之大公司，凡樂於入股者，頗見踴躍。惟購買華商有限公司之股份，以有種種原因在內，華人殊覺稀少；大都樂購英國公司股份者居多」〔註 14〕。分析其原因，筆者認爲，主要是外商公司享有特權，經營水平較高，管理較規範，股東權利比華商自辦公司更有保障等。

2. 國人自辦公司（自 19 世紀後期開始）

近代中國最早由國人自辦類似公司的近代企業是在李鴻章的直接支持下於 1872 年創立的「官督商辦」的上海輪船招商局。官督商辦的含義是「由官總其大綱，察其利病，而聽該商董等自立條議，悅服眾商」，「所有盈虧，全歸商認，於官無涉」。〔註 15〕

官督商辦企業的設立及運營都在官府的直接控制之下，也通過行政權力支持企業的發展。張忠民教授認爲，「官督商辦是在沒有公司法、公司的創辦權爲官府所壟斷的情況下產生的一種特殊的公司類型。它們既具備近代股份公司的一些基本特徵，但同時又具有非公司化的超經濟特點」〔註 16〕。這一描述是比較準確的。

19 世紀 80 年代初，以上海爲中心的官督商辦企業中的籌集商股活動達到了高潮。但是，由於各種原因，它們的經營狀況欠佳。據汪敬虞先生的研究，從 19 世紀 80 年代到 1894 年爲止，全國各地先後成立了大小 22 家金屬礦廠，「十九以失敗結局。一般入股者，未見生產，股本已化爲烏有。如施宜銅礦還未正式開採，股東就虧折了 75%的股本」〔註 17〕。官督商辦日益受到冷落和抨擊。相反，80 年代中期以後民營商辦企業迅速崛起。據張國輝先生的研究，「七、八十年代之交，在公開招集股本的辦法下，社會上私人資本投資新

〔註 13〕 劉廣京：《英美航運勢力在華的競爭（1862～1874）》，第 23～26 頁。轉引自張忠民：《艱難的變遷——近代中國公司制度研究》，第 113 頁。

〔註 14〕 汪敬虞：《中國近代工業史資料》，第二輯下冊，科學出版社，1957 年版，第 1064 頁。

〔註 15〕 《李文忠公全集》譯署函稿，卷 1；奏稿，卷 20。轉引自張忠民：《艱難的變遷——近代中國公司制度研究》，第 133 頁。

〔註 16〕 張忠民：《艱難的變遷——近代中國公司制度研究》，第 140 頁。

〔註 17〕 汪敬虞：「中國資本主義現代企業產生過程」，《中國經濟史研究》，1986 年第 2 期。轉引自張忠民：《艱難的變遷——近代中國公司制度研究》，143 頁。

式煤礦的活動比前大見活躍。從一八八〇年到一八八三年，僅僅四年中，在山東、廣西、直隸、江蘇、奉天、安徽等地先後籌建了六個以私人資本爲主的新式煤礦企業。」據統計，到 1903 年，在民用工礦、航運以及新式金融行業中，全國各地先後創辦的資本主義性質的民營商辦企業已經達到了 460 家以上。〔註 18〕在這些企業中，沿用傳統的獨資、合夥形式的應該居多，但仍有一部分企業已經開始嘗試模仿實行西方公司制度。前引 460 家民營商辦的企業中，直接冠名「公司」字樣的至少已經有 80 家之多〔註 19〕。

從現存資料來看，19 世紀 80 年代之後興起的民營商辦公司，大多數還是一些中小規模的新興企業。但這些公司的經營都是模仿外商公司的經營模式，應當說更接近於現代的公司〔註 20〕。

在國人自辦公司階段，之前的研究成果對於官款專營、官商合辦兩種公司形態缺乏相應的研究，這可能是因爲這兩種形態的公司數量較少，影響較小，而史料也比較缺乏所致；但這兩種公司形態無疑是存在的。姚成瀚先生先生曾指出，「公司……其經營也，有由外人侵攬者，有由官款專營者，有官商合辦者，有官督商辦者……」〔註 21〕。

3. 企業公司

「企業公司」，是指當時的人們對類似「控股公司」、「投資公司」的組織的一種稱謂。它們通過投資、參股擁有或參與一系列單個的工廠企業。企業公司只能說是一種特殊的公司形態，而不能說是公司發展的一個階段。在企業公司發展的時期，一般的非企業公司仍然是公司的主體。另一方面，企業公司使公司成爲投資者的目的得以實現，促進了公司的規模化，無論是在經濟發展上，還是制度創新上，都具有重大意義，故在此列爲一個單獨的演變階段。

1929、1930 年間，逐漸出現了一些較具規模而互相關聯的企業，如榮氏家族投資的申新、茂新、福新等企業，但並未形成母公司性質的控股公司。近代中國企業公司的大量出現主要是在 20 世紀 40 年代，其中分佈於內地各省區的主要是各種國營和地方政府省營的企業公司；上海興起的則是投資、管理、經營一體的投資持股公司。有資料表明，從 1940 年到 1944 年，上海先後設立的

〔註 18〕杜恂誠：《民族資本主義與舊中國政府（1840～1937）》，上海：上海社會科學院出版社，1991 年版，附錄。
〔註 19〕張忠民：《艱難的變遷——近代中國公司制度研究》，第 145 頁。
〔註 20〕同前注，第 146 頁。
〔註 21〕姚成瀚：《公司條例釋義》，第 4～5 頁。

各類企業公司（包括建業、實業、投資管理、興業公司等）不下 300 餘家。在這些企業公司中，既存在具有投資持股公司性質的眞正的企業公司，以及頂著企業公司名義卻無投資持股經營之實的投機性公司兩種不同的類型。在當時投機活躍、物價暴漲的條件下，新企業、新公司的開設成爲風尙。

同時，戰時各種省辦、或地方政府與中央政府有關部門合辦的股份有限公司發展迅速。抗戰爆發以後，貴州省政府於 1939 年 6 月倡設的「貴州企業公司」，首開先河。此後，各省區各類省營企業公司紛紛興起。到 1942 年，據經濟部省營公司監理委員會統計，省營公司及其籌備機構已經遍設於貴州、雲南等 16 省區，並且逐漸佔據了各省營經濟事業的中心地位。其中資本少者數百萬元，多者高達 1 億元，3000～5000 萬元之間者居多，總計超過 5 億元。此外，也有一些民營企業公司開始組建，它們大多是民營企業爲求自身的生存和發展而採取的投資擴張或者相互聯合。其中較爲知名的是民生公司，民生公司 1939 年底的對外投資已有 202 餘萬元，投資企業多達 25 家〔註22〕。另外，據筆者考察陪都時期公司檔案，也存在著一些公司爲了控制原材料來源等生產經營目的而對外投資的情況，但這類公司並不以投資控股其他企業爲主營業務。

戰時各省營企業公司已形成較明顯的投資控股公司形態，其特點：一是投資主體多元化，有中央、省級、基層地方政府；國家、地方銀行和商業銀行；以及其他企業法人、自然人等；二是通過投資參與多個跨行業、跨地域的工廠、企業以及下屬公司，形成母子公司形態。企業公司的投資企業一般有全資、控股、參股三類。

從組織形式看，各省企業公司多採用股份有限公司或者特種股份有限公司形式，建立完備的法人治理結構。政府對企業的影響主要是通過股東身份以及董事會、經理人等法人治理機構內部機關來體現。如廣東企業公司，「該公司之組織，非隸於政府，其最高權力機關則爲董事會，董事會由股東推舉若干董事組織之，設正副董事長，企業公司則設總經理及協理，負實際責任……。」〔註23〕抗戰勝利之後，隨著國家經濟政策及社會經濟條件的變化，企業公司未能得到繼續發展。

〔註22〕 張忠民：《艱難的變遷——近代中國公司制度研究》，第 200 頁。
〔註23〕 《粵企業公司》，香港《大公報》1941 年 9 月 22 日。轉引自張忠民：《艱難的變遷——近代中國公司制度研究》，第 209 頁。

4. 國有大公司的興起

抗日戰爭期間及戰後，公司發展呈現出「國進民退」的趨勢。從法律角度看，值得關注的是國家通過立法為國有公司的擴張開闢道路。

自「官督商辦」公司沒落之後，民營公司逐漸成為公司組織中的主流。抗戰爆發後，國民政府確立以國有經濟為主體的經濟政策。重慶政府 1940 年3 月頒行了《特種股份有限公司條例》規定「特種股份有限公司」的發起人數可以不受《公司法》「七人以上」的限制，從而為國有經濟通過公司形式擴張提供法律依據。到 1945 年，在資源委員會投資的 115 家生產性企業中，控股的有 41 家，參股的有 17 家，採用公司組織的有 23 家左右，絕大部分都是與各省地方政府共同投資的企業公司屬下的企業〔註 24〕。有資料表明，「到抗戰勝利前夕在國民黨政府統治地區的國有資本大致上已占到轄區內近代工業資本總額 70%左右的比例」〔註 25〕。

抗戰勝利前夕，國民黨制定了「工業建設綱領」，屬於一般競爭性行業的輕紡工業等基本上還是歸於民營的範圍〔註 26〕。抗戰勝利後南京政府開始大力鼓勵設立國有大公司。根據 1946 年《公司法》，規定只要有 2 名以上、10名以下的股東就可以組織「有限公司」。1946 年 7 月經濟部報告稱「在所接收的 24 家敵偽工廠中除 951 家未處理以外，有 1219 家（大部分為大工廠）由經濟部直接經營或移轉至別的機關經營，標賣給民營的只有 114 個單位，不到接收工廠總數的 5%」〔註27〕。南京政府大力推進國有企業採用公司形式。「1947年，資源委員會所屬企業調整為 96 家，其中採用公司組織的企業進一步增加到了 52 家，占總數的 54%」〔註 28〕。

儘管國有大公司在數量上並不佔優勢，但就其資本規模、競爭實力及在國民經濟中的地位而言，其重要性不言而喻。鑒於此，我們說近代中國公司制度變遷在戰後已經進入了「國有大公司」的演變階段。

〔註24〕鄭友揆等：《舊中國的資源委員會——史實與評價》，上海：上海社會科學院出版社，1991 年版，第 107～114 頁。

〔註25〕汪敬虞：《中國近代工業史資料》第三輯，北京：中華書局，1962 年版，第1419 頁。

〔註26〕楊選堂：「中國工業建設綱領析論」，《中國建設》，創刊號，第 8 頁。

〔註27〕張西超：「中國工業現勢」，《新中華副刊》，1948 年 2 月，第 6 卷第 4 期，第35 頁。

〔註28〕鄭友揆等：《舊中國的資源委員會——史實與評價》，上海：上海社會科學院出版社，1991 年版，第 162 頁。

有學者認為，在 20 世紀最初 20 年間，隨著清末《公司律》、北洋政府《公司條例》，以及社會對公司制優越性的認識加深，公司組織成為社會各界創辦有一定規模的工礦及商業企業的首選，而家族公司成為當時公司的主流形態〔註 29〕。從經濟學角度看，這一劃分自有其理由。從出資主體角度看，筆者認為家族公司也是民營公司的一種表現形式，不必歸為一個單獨的階段；另一個原因是許多大型家族公司以無限公司形式存在，與本文主題不合。故本文未將家族公司列為近代公司演變的一個階段。

（二）公司數量的演變

依據現存資料，近代中國公司數量的總體演變以及一般的變化趨勢大致上可以分成三個階段，即 1912 年以前的晚清時期，1912 年到 1926 年的北洋政府時期，以及 1927 年到 1949 年的國民政府時期。

1. 晚清時期（1912 年前）的公司數量

在 1904 年近代中國第一部《公司律》頒行之前，沒有公司登記註冊制度，也沒有官方統計的公司數據。據張忠民教授考證，「到 1903 年，全國公司數量至少在 100 家以上。1904～1912 年，據民國元年《第一次農商統計表》所載，經清農工商部以及民國政府農商部登記註冊的公司累計共為 502 家，但是各地方官廳以 1912 年 12 月底實況上報的公司總數卻達到 977 家，總數超過當年登記註冊公司數 475 家幾乎達到一倍。其中一個很重要的原因就是各省填報的調查表中有相當部分是「未經註冊立案」的公司」〔註 30〕。

2. 北洋政府時期（1912～1926 年）的公司數量

據張忠民教授考證，進入民國以後，在各種因素的刺激下，近代中國的公司數量已經有了較快的增長，「到 1920 年，全國的公司數量至少已經達到 1300 家以上，而如果按照 1912 年到 1920 年平均的年增長率推算，到 1926～1927 年間，中國公司的數量大致上可達 2000 家左右」〔註 31〕。

3. 南京政府時期（1927～1949 年）的公司數量

1927 年南京政府成立以後，1929 年即頒發了新的《公司法》。「據南京政府主計處編纂的統計資料，自 1928 年到 1947 年上半年，經政府有關部門登

〔註 29〕 張忠民：《艱難的變遷——近代中國公司制度研究》，第 152 頁。
〔註 30〕 張忠民：《艱難的變遷——近代中國公司制度研究》，第 253 頁。
〔註 31〕 張忠民：《艱難的變遷——近代中國公司制度研究》，第 260 頁。

記設立的公司總數爲 8088 家，分公司 1058 家（其中包括外國公司在中國境內設立的分公司 125 家），解散公司 284 家；到 1947 年 6 月底，全國實有經註冊登記的公司 7804 家，分公司 1059 家」〔註 32〕。

對前述數據及公司數量變化過程，有幾個問題須加以說明：

綜上，1904～1949 年期間，近代中國登記註冊的公司總量可達 1 萬家以上，但占全部經濟組織的比例並不高。據 1933 年《中國工業調查報告》的調查統計，在當時全國接受調查的 2435 家工廠中，採用有限公司形式的有 612 家占總數的 25.1%，僅次於合夥企業。據 1930～1931 年間對上海 1883 家工廠企業的調查，其中公司 330 家占總數的 17.5%，其中股份有限公司 281 家占總數的 14.9%。〔註 33〕

特別指出，爲了論證近代公司制度失敗論點，少數研究者以公司數量占所有經濟組織的比例太低作爲依據，這是很不恰當的。公司、特別是股份有限公司，主要是爲了針對大的項目或事業聚集資本、分擔風險而組織起來。即使是當今西方國家，其公司、特別是股份有限公司的數量仍然只占全部經濟組織的很小比重，但其擁有的資本量和經濟實力比重卻遠遠高於其在數量上的比重。

另外，公司數量分佈存在地域不均衡的情況。最初，公司主要集中在東部沿海城市。直至 20 世紀 20 年代，以上海爲中心的東南沿海地區仍是公司密度分佈最高的地區，但東北、西南等內地地區隨著經濟的發展，公司數量的比重開始逐漸上升。30 年代中葉以後，不僅大量的沿海公司內遷；一些新的工礦企業也在後方各省區陸續開設，這都導致了公司組織數量的大量增加。特別是重慶作爲戰時大後方的政治經濟中心所在，註冊登記的公司數量逐年上升，新設立的公司數量在全國各地區名列前茅。1939～1943 年間，僅重慶一地註冊登記的公司就達到了 474 家之多，占到同時期公司註冊總數的 32.8%〔註 34〕。可見，陪都時期的重慶，不但成爲當時中國的政治中心、軍事指揮中心，同時也成爲公司的聚集地。陪都時期的重慶公司，值得深入研究。

〔註 32〕張忠民：《艱難的變遷──近代中國公司制度研究》，第 260 頁。
〔註 33〕上海市社會局編：《上海之機制工業》圖表，上海中華書局 1933 年。
〔註 34〕國民政府主計處統計局：《中華民國統計提要》，1945 年印行，第 44 頁。轉引自張忠民：《艱難的變遷──近代中國公司制度研究》，第 296 頁。

　　有學者認為陪都時期經濟發展以及公司發展的總體狀況不佳甚至乏善可陳，這種觀點值得商榷。楊小凱在其《百年中國經濟史筆記》中以 1937 年後的 12 年稱為「經濟崩潰時期」，雖然有不少學者也考察論證了 1937～1949 期間中國在經濟發展、公司發展取得的一些成績，但上述觀點應當是較為主流的。筆者無意質疑上述觀點，但筆者認為，在公司法問題上，包括在公司法人治理問題上，上述觀點可能被曲解而導致以下邏輯：

　　經濟崩潰──公司經營困難──公司經營管理水平低下──公司法律制度實施效果差──公司法人治理結構失靈。

　　上述邏輯在一些研究成果中得到了體現。為數不多的有關近代（包括 1937～1949 年期間）公司治理的成果，相當一部分給讀者留下的總體印象是：經驗乏善可陳，教訓值得記取；其基本看法是：在抗日戰爭爆發、國民政府統制經濟的背景下，在帝國主義、封建殘餘、官僚資本三座大山的壓迫下，加上法制不健全、證券市場不發達等因素，這段時期的公司舉步維艱。

　　陪都時期的經濟是不是崩潰，經濟史學界對此也未形成統一看法。客觀地說，應該是有發展的一面，也有不發展的一面。著名經濟史學家汪敬虞先生的著作《中國資本主義的發展和不發展》這一書名，就貼切地反映了這種情況。〔註 35〕這一話題過於宏大，本文無法展開討論，但對陪都時期經濟發展和公司發展狀況持基本否定的態度，顯然是存在問題的。

二、股份有限公司的發展

　　由於股份有限公司在近代中國所佔有的重要地位，人們習慣所稱的公司大多也是股份有限公司。在近代四部公司法中，有關股份有限公司的內容也都佔有最大的比重。當時股份有限公司始終佔有最高的比例，而且比重歷年上升；同時股份有限公司的平均資本額也大大高於其他類型的公司。據張忠民教授統計，「1904～1908 年間清政府商部註冊公司共計約 228 家，其中股份有限公司有 153 家占總數的 67%；1929 年 2 月到 1933 年底全國各省區共註冊登記各類公司 1447 家，其中股份有限公司 1016 家占總數的 70‧2%；1929 年 2 月到 1943 年全國向國民政府登記註冊的公司共為 4166 家，其中股份有限公司 3231 家占總數的 77.56%；1928 年 1 月至 1947 年 6 月底全國各

〔註35〕汪敬虞：《中國資本主義的發展和不發展：中國近代經濟史中心線索問題研究》，北京：經濟管理出版社 2007 年版。第 1 頁。

省區歷年登記設立的公司總數爲 8088 家，股份有限公司達 6283 家占總數的 77.7%，每家平均實繳資本達 5454.57 萬元，均占各類公司登記數及資本數的第一位」〔註36〕。這一點與當代中國公司狀況形成了鮮明的對比。在當代，股東人數較少的有限責任公司成爲公司的主流。據中國信息統計網對目前重慶地區股份有限公司數量的粗略估計，股份有限公司占全部公司的總量个足 10%。儘管缺乏官方的權威統計數據，但現實生活中人們打交道的也大多是有限責任公司，有限責任公司是當今中國公司的主要形式是無疑的。這種情況下，公司的集聚資本、分散風險的功能受到了極大的抑制。這樣的狀況並不能說優於近代。

第三節　近代我國公司立法及其公司法人治理結構制度安排

近代有四部公司法，即晚清《公司律》（1904 年頒佈），民國 1914 年《公司條例》，1929 年《公司法》；1946 年《公司法》。分述如下：

一、近代四部公司法的立法背景、立法過程及主要內容簡述

（一）晚清《公司律》

20 世紀初，因公司經濟組織長期客觀存在而無法可依以及收回治外法權的急切心理等因素，清政府決定制定商律（包括公司律）。光緒二十九年三月二十五日（1903 年 4 月 22 日），光緒帝發佈先行編訂商律的上諭。1903 年 8 月（光緒二十九年七月），商部成立，清政府任命載振爲商部尚書，伍廷芳爲左侍郎，根據上諭，擬訂商律成爲剛成立的商部的重要使命。載振、伍廷芳兩人商議後認爲，整部商律的制定需要一定的時間，應先就急需的方面立法。隨後，商部在不到半年的時間就擬訂了《商人通則》和《公司律》。1904 年 1 月 21 日，（光緒二十九年十二月初五日）《商律》獲諭允，並正式頒佈實施。

欽定大清《商律》包括《商人通例》和《公司律》兩部分。《公司律》是中國法制史上的第一部公司法，具有里程碑的意義。《公司律》以及與其配套的《公司註冊試辦章程》等一系列法規的頒行，標誌著經濟自由、平等制度

〔註36〕國民政府主計處統計局：《中華民國統計提要》，1945 年印行，第 44 頁。轉引自張忠民：《艱難的變遷——近代中國公司制度研究》，第 260 頁。

在中國的第一次確立，並推動著中國民族工商業者權利意識的形成。《公司律》確立的公司法律制度主要包括：公司類型法定；公司設立的準則主義；公司註冊制度；公司的有限責任制度（股份有限公司與合資有限公司股東負有限責任）；以股東會、董事會和查帳人為核心的公司治理機構；公司財務會計制度；信息披露制度；公司解散與清算制度，等等。

近代及當代學者對晚清《公司律》的主要缺陷批評頗多，意見也比較統一，大致包括：大陸法系、英美法系傳統混於一法，「體裁不齊」、「結構混亂」；內容過於簡略、可操作性差；不符合傳統商業習慣；沒有明確規定公司的法人地位；缺少對外國公司的規定等。對於前三項，筆者無異議，但對於後兩項，筆者認為不宜稱之為「缺陷」。理由如下：

1. 《公司律》未規定公司的法人地位，係出於理智的取捨，而非考慮不周

當代中國一般認為，法人應當具有獨立的財產，能夠獨立承擔民事責任。我國 2005 年公司法第三條規定：「公司……有獨立的法人財產，……公司以其全部財產對公司的債務承擔責任。有限責任公司的股東以其認繳的出資額為限……股份有限公司的股東以其認購的股份為限對公司承擔責任。」據此，獨立的財產和獨立承擔民事責任的能力，都是成為法人的要件。因此，2005年公司法也只規定了有限公司和股份有限公司兩種可以獨立承擔民事責任的公司形式。

同樣，民國時期同期的德國商法，也不承認無限責任的公司主體可以是法人。王效文先生指出：「惟無限公司、兩合公司，則在德國學者，大都不認為法人。然德新《商法》規定：無限公司、兩合公司，適用民法關於合夥之規定。」〔註37〕

如上所述，無論是在民國時期，還是在當代，都存在這樣的認識：法人不但要有獨立的財產，還要能夠獨立承擔民事責任。承擔無限責任的組織，不屬於法人。

自 1914 年《公司條例》開始，包括 1929 年、1946 年公司法，都規定公司為法人或社團法人，無論是否能夠獨立承擔民事責任。其理論依據是只要具有獨立的財產，就可以是法人〔註38〕。

〔註37〕 王效文：《中國公司法論》，第 20 頁。
〔註38〕 姚成瀚：《公司條例釋義》，第 15～16 頁。

　　可見，清《公司律》不規定公司為法人也好，《公司條例》及此後立法規定公司為法人也好，只是不同立法模式的選擇，而無所謂優劣之分。更重要的是，《公司律》明確規定了股份有限公司、合資有限公司股東的有限責任，故其不規定公司的法人地位，並無不良後果。

2. 《公司律》缺少對外國公司的規定，不宜歸咎於法律的缺陷

　　最明顯的理由是 1914 年《公司條例》、1929 年《公司法》也未規定外國公司。如果外國公司容易規定，後來的兩部公司法不會有意忽略。1946 年《公司法》制定時針對外國公司作專門規定，還因為草案中規定「外國公司非在其本國設立登記營業者不得申請認許」的問題導致長期外交爭端，最終以國民政府妥協，刪去「營業」要求告終。可見，外國公司的問題十分複雜，無法在《公司律》中解決。《公司律》即使對外國公司有所規定，也難以實行。《公司律》第 35 條規定：「附股人無論華商洋商，一經附搭股份，即應遵守該公司所定規條章程」。第 57 條規定：「中國人設立公司，外國人有附股者，即作為允許遵守中國商律及公司條例。」這已經是比較務實的做法了。關於外國公司的問題，學界已有專文論述，在此不贅述〔註39〕。

（二）1914 年公司條例

　　民國時《公司條例》實際並非民國時新制定，而是對清末立法成果的整理，其前身是清末「改訂大清商律草案」，而該草案的又源自清末兩次商法大會討論制定的《商法調查案》。茲簡要介紹這一特殊的過程如下：

　　鑒於《公司律》存在的缺陷，1907 年至 1909 年間，上海預備立憲公會、上海商務總會、上海商學公會先後組織召開兩次商法大會，討論擬定商法草案，並附《公司律調查案理由書》與《商法總則調查案理由書》（二者即為《商法調查案》）。調查案送呈農工商部之時，農工商部此時正準備修訂《大清商律》，對該商法草案稍作修改後定為《改訂大清商律草案》。辛亥革命爆發後，《改訂大清商律草案》被擱置。民國成立後，張謇出任農商總長，「取前農工商部所定稿審視之，改《公司律》曰《公司條例》……呈請大總統公佈施行」，這就是 1914 年頒佈的《公司條例》〔註40〕。

　　可見《公司條例》源於清末兩次商法大會所編定《商法調查案》中的《公

〔註39〕 曹成建：「試論近代中國公司法規對外資及中外合資公司之規範」，四川大學學報（哲學社會科學版），1998 年第 3 期，第 101～106 頁

〔註40〕 張家鎮等：《中國商事習慣與商事立法理由書》，前言之第 9 頁。

司律草案》和《公司律調查案理由書》。從法制史的角度看，兩次商法大會中商人自訂商法要求政府施行，史無前例且後無來者，爲之後兩部民國公司法的立法打下了良好的基礎。

1914 年《公司條例》共有 6 章、251 條，內容或篇幅在《公司律》基礎上有較大的變化。首先，明確規定「凡公司均認爲法人」。對此前文作過評述。其次，規定公司類型包括無限公司、兩合公司、股份兩合公司、股份有限公司。其中關於「股份有限公司」的條款有 132 條，占《公司條例》225 條的一半以上。再次，首次出現了「官利」條款。

（三）1929 年《公司法》

1929 年 12 月 10 日，國民政府立法院通過公司法全案，於 12 月 26 日由國民政府正式公佈，並定於 1931 年 7 月 1 日起施行。1931 年 2 月，立法院會議通過並由國民政府公佈《公司法施行法》33 條，主要針對新《公司法》施行前後有關該法適用的銜接問題進行了詳細的規定；國民政府實業部於 1931 年 6 月公佈了《公司登記規則》，共分通則、規費、呈請程序以及附則 4 章 46 條，對公司的主管官署、公司設立登記應繳納的各種費用等方面進行了規定；《公司法施行法》、《公司登記規則》和《公司法》一起，於 1931 年 7 月 1 日同時施行。之後，國民政府於 1940 年 3 月 21 日公佈《特種股份有限公司條例》及其實施細則，其發起人數不受公司法規定的七人以上的限制，股東表決權也不受《公司法》相關規定限制。

1929 年《公司法》全文共分 6 章，計 233 條。由於《公司法》淵源於《公司條例》，因此以與《公司條例》相比較的方法理解《公司法》的內容，更能看出《公司法》的變化：

第一章「通則」，主要就公司的定義、種類、住所、登記以及對外投資等方面進行了規定，並確立了以下幾個基本的制度：

1. 公司是以營利爲目的的法人團體。這一規定與《公司條例》所規定的公司是「以商行爲爲業之團體」相比範圍大爲擴張，營利性被確認爲公司的根本屬性。
2. 設立登記爲公司成立的要件。其中體現的國家干涉主義明顯強於 1914 年《公司條例》（1914 年《公司條例》規定非經登記不能對抗第三人，設立登記並不是公司成立的要件）。
3. 法人持股制度（也稱公司對外投資制度、轉投資制度）。這是《公司法》

增設的制度，爲國家資本向各個領域的滲透創造了條件。

第二章「無限公司」，變化不大；第三章「兩合公司」在《公司條例》基礎上有一些改動，主要是有關有限責任股東方面的規定。另關於出資方式，《公司法》第 73 條規定的「有限責任股東不得以信用或勞務爲出資」比《公司條例》所定的「有限責任股東僅得以銀錢或別種財產爲出資」更爲明確。

第四章「股份有限公司」在《公司條例》基礎上作了更多改進，主要包括：

1.《公司法》將公司設立時的第一次繳款比例從原來《公司條例》所定的不少於票面金額的四分之一，提高到二分之一。

2.《公司法》關於公司各項活動的期限規定更具體。《公司條例》關於公司召開創立會、股東會，編訂年度會計報告等的時限往往使用「應即」、「一定期限」等提法，而《公司法》規定了具體的時限。如「第一次股款繳足後，發起人應於三個月內召集創立會」；「認股人延欠第一次應繳之股款時，發起人應定二個月以上之期限」；「每營業年度終，董事應造具下列各項表冊，於股東常會開會前三十日交監察人查核」，等等。

3. 關於每股股份金額。（1）《公司條例》規定每股金額不得少於 50 元，但一次繳清者可以是「20 元」一股，1923 年又將其分別修改爲「20 元」和「5 元」；《公司法》則規定每股不得少於 20 元，但一次全繳者，可以 10 元爲一股。（2）《公司條例》規定公司設立時可發行優先股；《公司法》則規定爲公司因增加資本或整理債務時才可發行優先股，更爲妥當。（3）《公司法》增加規定，公司得發行無記名股票，但其股數不得超過股份總數的三分之一。（4）《公司法》增加規定發起人之股份在公司開始營業後一年內不得轉讓。

4.《公司法》對大股東表決權的限制更嚴。《公司條例》規定公司一股東而有十一股以上者議決權之行使，得以章程限制之。」公司法則規定「應以章程限制其表決權，但每股東之表決權及其代理他股東行使之表決權合計不得超過全體股東表決權五分之一」。之前有研究者沒有注意到上述「應」字與「得」字的不同，而認爲 1929 年《公司法》對於股權限制的規定不是強制性的，在此辨正。

5. 關於公司會計。（1）《公司法》將公司盈餘分配前的公積金提取比例從《公司條例》規定的二十分之一提高到十分之一，並將《公司條例》所定「公

積金已達資本總額四分之一者，不在此限」，改爲「公積金已達資本總額二分之一者，不在此限」。（2）《公司法》增加規定，公司在彌補損失及依法提取公積金後才能分派股息及紅利，無盈餘不得分派，但公積金已超過資本總額二分之一時或由盈餘提出之公積金確超過該盈餘十分一之數額時，公司爲維持股票之價格，可以其超過部分充派股息。

另，之前有研究者認爲，《公司條例》只規定了公司有對董事和監察人提起控告的權利；而《公司法》則規定有股份總數十分之一以上的股東課爲公司對董事提起訴訟，健全了股東代表訴訟制度〔註41〕。但經筆者查證，《公司條例》第一百六十五條第二款已有相關規定，故不存在《公司法》予以完善的問題。

綜上，1929 年《公司法》的修改主要是在股份有限公司制度方面，這說明股份有限公司作爲近代中國公司制度的主要形式日益受到重視。

第五章「股份兩合公司」，這部分與《公司條例》有關規定相差不大。

第六章「罰則」，《公司條例》所定罰則，僅以罰金爲限，最重的罰金僅爲 1000 元以下；《公司法》規定的罰則，最重者爲一年以下之徒刑，2000 元以下之罰金。另外，《公司法》列舉的應處罰與處罰之情事也較多。這一變化，反映了公法向公司滲透的加強。

最後，1929 年《公司法》基本以白話文行文，比《公司條例》更易普及。如關於監察人連任的規定，《公司條例》措辭爲「但任期滿後，不妨公舉續任。」《公司法》措辭則爲「但得連選連任」，等等。

（四）1946 年《公司法》

隨著形勢變化，1929 年《公司法》不能適用之處逐漸增多，主要表現爲1929 年《公司法》與《特種股份有限公司條例》並存的狀況不宜長期存在；1929 年公司缺乏關於外國公司制度的規定；1929 年《公司法》國家干涉過多，造成《公司法》有關規定過於嚴格，等等。在此背景下，1945 年中，立法院對《公司法》的修改初步完成，草訂後的《公司法》修正案送國防最高委員會審查。《公司法》修正案最後於 1945 年 9 月 29 日在立法院三讀通過。但立法院通過之修正《公司法》，並沒有立即得到國防最高會議批准成爲正式法律，直到近半年之後的 1946 年 4 月 12 日，該修正《公司法》才得以公佈施

〔註41〕 魏淑君：《近代中國公司法史論》，上海：上海社會科學院出版社，2009 年版，第 144 頁。

行。這主要是由於在《公司法》修正案關於外國公司定義問題，美國政府與南京國民政府之間存在較大分歧，在經過了較長時間的交涉後，最終以南京國民政府的妥協而告終。

1946 年《公司法》共 10 章 361 條，比 1929 年《公司法》（以下稱「舊法」）多了 100 多條，成爲近代中國篇幅最大、內容最全的一部公司法。現將 1946 年《公司法》（以下稱「新法」）修訂的要點介紹如下：

1. 新法將「定義」單列一章，界定重要概念

新法第一章對公司、各類公司形式以及公司負責人、連帶責任、主管官署等名詞分別作了定義。

2. 新法「通則」一章的主要修訂有：

（1）增加了有限公司這一新的類型，並對外國公司進行了規定。

（2）新法增加規定明確公司不得「爲合夥事業之合夥人」。新法規定公司「如爲他公司之有限責任股東時，其所有投資額不得超過本公司實收股本二分之一」。新法「所有投資額」比舊法「所有股份總數」的提法更科學。新法規定，公司投資於生產事業或以投資爲專業者不受公司對外投資總額「不得超過本公司實收股本二分之一」的限制，以鼓勵公司投資發展，並確立了「投資公司」的合法地位。

3. 新法對「股份有限公司」一章的修訂：

（1）減少了發起人及董事人數最低限的數量。新法規定股份有限公司的發起人應有 5 人以上，董事至少 3 人，均比舊法 7 人、5 人爲少。另外新法增加規定股份有限公司的發起人及董事須半數以上，監察人中至少須有一人，在中國境內有住所。

（2）首次明確規定了股份公司的招股章程應載明的事項。

（3）取消了每股最低金額的限制，每股金額爲多少並由股東自由決定。

（4）明確規定對於股票爲政府或其他法人所有者，應記載政府或法人之名稱，不得另立戶名或僅載代表人姓名。這是針對之前公司股東名稱登記不規範的情況作出的規定。

（5）關於股東表決權限制，舊法規定公司一股東有 11 股以上者應以章程限制其表決權，在實踐中弊病甚多，影響了股東權利的行使和股東會的效率。因此，新法規定爲「得以」章程限制其表決權，不作強制性規定。

二、近代公司法關於股份有限公司法人治理結構的制度安排

（一）公司法人治理結構的基本理論

「公司法人治理結構」，是從美國公司法中的「corporate governance structure」翻譯而來，日本稱爲「統治結構」，香港稱爲「督導結構」〔註42〕。

公司法人治理結構與公司治理兩個概念有時混用。狹義的公司治理主要是指公司內部各機關（股東會、董事會、監事會及經理層）及其相互關係，廣義的公司治理，還包括與利益相關者（如員工、客戶、債權人和社會公眾等）之間的關係。公司法人治理結構與狹義的公司治理概念的描述範圍基本一致。

本文之所以不採用公司治理概念開展論述，一是法人治理結構概念更明確，與本文研究內容更吻合，二是之前有多部研究近代公司治理的專著，把政府、家族對公司治理的影響作爲研究重點。本文如再使用公司治理概念去研究股東大會、董事會、經理班子及監事會及其相互關係，容易引起混淆。

特別值得注意的是，「公司法人治理結構」的概念，在經濟學和法學領域可能有不同的認識。例如，復旦大學楊勇的博士論文《近代公司治理思想研究》，著眼於政府、家族及資本本身的力量在公司運營中扮演的角色，基本沒有涉及股東會、董事會、監察人、經理人之間關係。

（二）近代四部公司法關於公司法人治理機構的制度安排

1. 晚清《公司律》的安排

對股東會、董事會作了規定，但其所規定的查帳人僅具查帳權，而不具備現代監事享有的股東會召集權、特殊情況下的代表權等權利，故並非完整意義上的監察人。《公司律》對經理人也沒有作出規定。考慮到晚清《公司律》本身比較簡略，且其內容與民國三部公司法脫節，故不詳述。

2. 《公司條例》的安排

股東會制度方面，對於股東會的召開、通知、表決規則、審核及決議權力、對董事的控告及開除權力等進行了規定。

董事制度方面，對於董事的資格、產生、報酬、任期、權力（選聘經理、代表公司等）、義務（報告業務財務狀況、虧損報告、妥慎經理等）。儘管沒

〔註42〕梅愼實：「現代公司機關權力構造論」，北京：中國政法大學出版社，1996年版，第32頁。

有提出董事會的概念，但其《公司條例》規定董事執行業務除章程列明外以過半數決之，實際上包含了董事通過董事會議行使職權的含義。

監察人制度，不再採用晚清《公司律》「查帳人」的提法，明確了監察人的名稱，並爲後兩部公司法所沿用；規定了監察人的調查權、審核權、臨時股東會召集權、代表權（公司與董事交涉時）、獨立行使職權的權利等，並規定其報酬由股東會決定，使得監察人眞正成爲公司法人治理結構的內部機關之一。這些規定都被之後的兩部公司法沿用，而只是在細節上有所改良。

經理人方面，仍未規定。

3. 1929 年《公司法》的安排

股東會方面，增加了「假決議」制度。公司法規定股東會決議認股人過半數、代表股份總額過半數者出席，且出席人表決權過半數才能通過，即人數、股份、表決權「三過半」。有時候股東會議可能出現人數或股份數未過半的情況，這時可繼續開會，由出席人表決權過半數通過假決議並將假決議通知認股人，發有無記名股票者，應將假決議公告，一個月內再行召集股東會，以出席人表決權過半數通過決議。這一制度在 1946 年公司法中也得到沿用。

董事方面，規定公司董事至少 5 人；而之前的《公司條例》不設最少數之限制。《公司條例》規定「董事得各爲代表公司」；《公司法》則規定「公司得依章程或股東會之決議特定董事中之一人或數人代表公司」，而不是所有的董事都能代表公司。

監察人方面，加大了對監察人行使監察權的物質支持力度。《公司法》規定，調查公司財務狀況、查核簿冊文件，以及對董事所造送於股東會之各種表冊的核對簿據工作、調查實況等事務，監察人得代表公司委託會計師、律師辦理之，其費用由公司負擔。

需要強調的是，1929 年公司法首次對董事與股東會之間的職權範圍作出了規定。依常理，股東會權力大於董事會但不應干預董事會的法定職權。公司法在「人」（股東會選任董事，董事會選聘總經理）、「財」（財務報告的準備和審核、盈餘的分配等）兩大方面對股東會和董事會角色的規定是比較清楚的，但對於「事權」（如購買不動產或巨額業務合同的簽署等重要事項）則沒有規定，而是留待公司自行處理。應當說，在經營管理問題上，哪些重大事項需要股東會決定，哪些需要董事會或總經理決定，每家公司的情況都有所不同，確實不是法律能夠界定的，應當通過章程及公司內部文件規定來解

決，但仍需法律給出指導性的原則。1929 年《公司法》第一百四十八條規定，「董事之執行業務，應依照章程及股東會之決議」。據此，除非章程另有規定，股東會可以對公司重大事項作出決議，董事會應當執行。這一規定彌補《公司條例》的不足，也爲 1949 年《公司條例》乃至我國臺灣地區現行《公司法》所沿用。

4. 1946 年《公司法》的安排

在股東會方面，除了沿用之前的規定外，1946 年《公司法》規定股東利害關繫事項不得參與表決，進一步完善了股東會表決制度。另外，對於 1929 年《公司法》要求股東會人數、股份、表決權「三過半」的規定，當時學者評價「股東多而股份散者永難符合此項規定，或股東過半數不能代表股份總數過半數，或代表之股份難逾股份總數過半數，而股東未達過半數，每次股東會非假決議不可。非但法律成爲具文，公司之業務亦受延宕之影響」〔註 43〕。故新法對於普通股東會規定代表股份總數過半數股東出席，以出席股東表決權過半數同意即可通過決議。新法規定變更章程須有代表股份總數三分之二以上之股東出席，公司解散或合併須有代表股份總數四分之三以上股東出席，出席股東表決權過半數同意作出決議；而舊法對此規定爲股東過半數、代表股份總數過半數之出席，以出席股東表決權三分之二以上之同意作出決議。法律修訂者給出的理由是：「蓋資合公司應以資本之數爲標準，不宜以股東人數爲標準也。」〔註 44〕

在董事方面，明確規定了董事會、董事長以及常務董事等名稱，反映了公司制度的實踐情況。

在經理人，舊法對於經理人的職權、報酬、責任均無規定，新法專設一節規定有關經理人的事項，共 14 條，對經理人的任免、報酬決定、服從董事會決議、確認財務報表的責任等進行明確規定，並對副經理作了規定。

值得注意的是，本節關於經理人的規定仍沒有涉及經理人在經營管理方面的具體職權範圍，而是委之以章程規定或契約約定（應指公司與經理之間簽訂的聘用契約）。可見這是一個政府難以干預的領域，由公司自定爲好。在 1946 年《公司法》專節對經理人作出規定之前，各公司大都通過章程、組織

〔註43〕 張肇元：「新公司之特徵及其要義」，見夏維忠編：《新公司法要義》，上海：
上海中國法學社 1946 年版，第 15 頁。
〔註44〕 同上注，第 15～16 頁。

大綱等文件明確了經理人及其團隊的組成及職權。因此，此前的公司法沒有關於經理人的規定，並不代表經理人沒有發揮作用，或者說發揮作用受到了法律地位不明確的實質性影響。究其原因，首先，此前的公司法實際上都提到了經理人由董事會任免的問題，1914 年《公司條例》如第一百五十七條規定：「董事之執行業務。除章程列有訂明外。以其過半數決之。關於經理人之選任及解任亦同」。這說明公司法是承認經理的存在及地位，只是沒有單獨以經理人為主體進行規定；其次，「現官不如現管」的效應在一定程度上存在，經理人的重要地位和作用總會體現出來。

綜上，1914 年《公司條例》對公司法人治理所作的制度安排已經基本完備，此後的兩部公司法只是作了局部和細節上的補充。陪都時期股份有限公司法人治理結構的各部分的組成及運行都有章可循，並且在數十年的實踐中不斷細化，達到了較完善的水平；即使是與當代的公司法規定相比，也看不出重大功能性缺失。當然，民國時期的公司法沒有規定強制外部審計制度和獨立董事制度，但即使在當代，這兩項制度也不適用於絕大多數公司，而且實施效果也很不理想。

如前所述，本章寫作的主要目的為後文對股份有限公司法人治理結構的研究分析提供一個較清晰的背景。同時，通過對近代公司及股份有限公司發展狀況和法人治理機構相關制度的介紹和分析，筆者希望說明近代公司及股份有限公司的發展已經達到了相當的程度，這在當時的歷史條件下尤其顯得可貴；特別重要的是，當時的有關股份有限公司法人治理結構的制度安排已經比較完備，且與國際立法潮流接軌比較緊密。

筆者目前看到的批評民國公司法不健全的研究成果，少有具體分析到底是公司法的哪一項具體制度不健全，也沒有說明這種不健全又導致了什麼後果，更沒有提供相應的實例支持。有的文章題目是近代公司制度不發達，正文卻僅僅論述清末《公司律》法律漏洞多〔註45〕。

清末《公司律》是修律大臣伍廷芳等閉門造車在幾個月內拼湊出來的，雖開先河，立法水平確實不高。但民國的三部公司法立法水平都較高。第一部《公司條例》，主要內容來源於 1907～1909 年期間全國「商法討論大會」議定的《公司律草案》，該草案由廣大商人和法學家共同商定，不但博採當時

〔註45〕宮玉松：「近代中國公司制度不發達原因探析」，《文史哲》，1996 年第 6 期，
　　　　第 30～35 頁。

世界各國之長，而且有廣泛的商事習慣調查作爲基礎，充分考慮了國外立法與本土習慣的融合對接。由於有此良好基礎，民國公司法一開始就站在了高起點上。此後的兩部公司法，又結合實際情況，進一步有所完善，並且三部公司法都有較完備的配套法規。

通過對民國時期三部公司法（陪都時期對應的是後兩部公司法）進行逐條縱向比較研究，筆者發現陪都時期公司法對於公司設立、運行、清算等活動，包括公司法人治理結構的設計及運行中可能遇到的主要問題都提供了相應的制度供給。民國公司法對經濟發展實踐的反映也是比較靈敏的，公司法兩度大改，局部修改和補充也比較多。

更值得關注的是，在某些具體制度設計上，陪都時期的公司法甚至有比當代更細緻、更合理的地方，可以學習的地方不少，例如其關於常務董事、優先股、股東會議通知要求、章程修改程序、董事及股東的關聯交易迴避、董事監察經理人激勵等的規定，都有在某種程度上比當代公司法考慮得更周到、更合理的地方。例如，陪都時期的公司監察人必須是股東，大多數公司章程都規定監察人年底有權參加公司盈餘分配，每個月還要領取車馬費、辦公費，從制度設計層面，也不能輕易說當代的公司監察制度比近代的更有效。對於陪都時期有關公司法人治理結構的各項具體制度的亮點，本文將結合史料進行詳細介紹。

在公司法理論研究水平方面，當時學者對這些法律制度的理解已經達到了相當高的水平。讀民國時期的王效文先生、姚成瀚先生、馬寅初等學者有關公司法的著作及文章，深深感到其對於法條的可操作性及其背後的價值取向等有很深刻的認識，學貫中西，言之有據，言之有理，令人欽佩。筆者認爲，當代中國公司法理論的發展，更多的是因政治經濟社會環境的變化而進行調整，如果不考慮這個因素，很難說當代中國公司法理論有哪些超過當時的地方。

關於近代股份有限公司法人治理結構，理論界研究的另一個較爲偏頗之處是誇大政府控制、家族勢力對公司法人治理的影響力，甚至將近代公司治理的主要內容理解爲政府、家族對公司的控制盒影響，而股東會、董事會、監察人、經理人等法人治理機構，已被扭曲而失去對公司發展壯大應有的作用；特別是監察人，不過是擺設而已。筆者通過研究發現，大量公司檔案資料顯示，陪都時期的公司法人治理結構運行有章可循，董事會、股東會會議

召開正常（甚至規定發生空襲順延至警報解除後繼續開）；股東、董事、經理人總體來說能夠正常行使權利和職權；對於最受詬病的監察人問題，也發現有些公司賦予監察人相當大的權力，或者一些監察人積極行使監察權力的案例。儘管這部分案例是少數，但監察人行使職權是很敏感的行為，沒有記錄不代表沒有行使職權，因此不能輕易下結論說近代公司的監察人是擺設、監察制度失靈。

關於民營、國有、家族等問題，筆者的基本看法是：

第一，關於近代民營公司及其法人治理的基本情況

公司法人治理的本質是分權與制衡，一般認為，民營公司更適合於實施規範的法人治理，民營企業的法人治理結構更容易正常發揮作用。正如梅慎實老師所說，「『公司治理』的宗旨是重構現代公眾公司的權力分配與行使關係」〔註46〕。公司的公眾性提供了基於分權和制衡的公司治理的內在需求。

從公司本身的發展看，由於當時的國際環境（20 世紀 20～30 年代歐美經濟危機導致國家干預主義大行其道）、戰爭持續等因素對政府經濟政策的影響，陪都時期公司的「國進民退」現象確實存在，但這是一個漸進的過程（相關數據詳見本文第一章）。民營公司在陪都時期初期佔有主導地位，即使是在陪都時期後期，其資本量相對處於弱勢，但由於其規模相對較小，其數量仍佔有優勢，這一點在後文公司的發展一節會有介紹。對於公司法人治理結構研究而言，麻雀雖小，五臟俱全，即使是民營小公司，仍具研究價值。簡言之，在這個過程中，民營企業在相當大的範圍內長期存在，其法人治理結構值得研究。

第二，關於國有資本和官僚資本的影響力

關於國有資本，雖然純國有的公司或者「官股」控股、參股的公司可能對公司法人治理結構產生影響，但不能絕對地說，凡有官股，法人治理結構必然失靈。正如當代的國有獨資公司仍然要遵照公司法完善法人治理結構一樣，陪都時期的國營公司或者有「官股」的公司同樣依法建立了法人治理結構。通過對陪都時期數十家特種股份有限公司及其他「官股」參股的公司的考察，我們認為政府的影響力可能對公司法人治理產生影響；但這也是法人治理結構在「國有企業」中的表現形式，而不能說政府力量「取代」了法人

〔註46〕梅慎實：《現代公司機關權力構造論》，北京：中國政法大學出版社，1996 年版。

治理結構。筆者認爲，政府往往也要通過法人治理結構本身來施加影響；在存在多個官股投資主體的情況下，中央官股和地方官股以及代表不同部門利益的官股也可能存在矛盾，也會通過法人治理結構來解決。

第三，關於家族勢力對公司法人治理的影響力

我們認爲家族中也可能存在派系，這些派系往往會通過或運用法人治理結構表達和實現訴求，非家族成員的少數股東也會利用法人治理結構維權，陪都時期的一些家族公司就有這樣的例子，後文將詳細介紹。因此，不能說家族勢力「取代」了法人治理結構。

在後文中，筆者將從微觀的角度，結合陪都時期公司檔案資料，探究當時公司對法人治理結構法律制度的實踐情況。

第二章 陪都時期股份有限公司的股東及股東會

本章結合具體的法律條文、法律理論和檔案資料，全面和細緻地探討股份有限公司股東和股東會有關問題，先論個體，後論整體；先論產生，後論運行；先論本身職權，後探討行使職權時與董事會等其他公司內部機關之間的互動。此後各章亦同。

陪都時期實施的公司法包括 1929 年《公司法》和 1946 年《公司法》。以下將針對不同時期的史料引用不同時期的公司法條文。另，由於這兩部公司法是在《公司條例》基礎上作局部修改而成，故必要時對《公司條例》也有涉及。此後各章亦同。

第一節 股 東

本節主要介紹股東身份的取得，股東的權利義務，並對陪都時期股份有限公司（以下亦簡稱爲「陪都時期公司」或「公司」）的股東人數的一般情況進行統計分析，探討其陪都時期公司的社會公眾性問題，對前人研究結論提出商榷意見。

一、股東身份的取得

要完整地取得股份有限公司股東身份，應滿足四個條件：具備成爲股東的主體資格；依照合法的取得途徑取得股東身份；履行出資義務；獲得證明

股東權利的憑證。四個條件滿足，則從事實和法律上取得股東身份。茲分別考察如下：

（一）主體資格

陪都時期公司股東的主體資格，主要涉及國籍限制、住所限制以及法人持股資格等方面。關於國籍限制，1929 年公司法對於外資公司和外國人在中國公司持股的問題沒有明確規定。此後，民間商會和法律學者多次致函實業部，詢問外國人持股的問題〔註1〕。面對這種情況，實業部於 1935 年擬具了《管理外資及中外合資公司辦法》九條，經與外交部商討後，送呈中央政治會議於 4 月 20 日審核通過。該《辦法》將外資及中外合資公司的活動範圍限制在通商口岸，以經營普通工商業為限，公司形式以股份有限公司為限，並且確定了華資股份及其管理人員的主導地位。在 1940 年 3 月國民政府頒行的《特種股份有限公司條例》規定：「特種股份有限公司准許外國人認股者，應受下列各款之限制：（一）公司股份總額過半數應為中華民國人所有；（二）公司董事過半數應為中華民國人；（三）公司董事長及總經理應以中華民國人充任。」

儘管法律對於外國人持股並不禁止，但在實踐中，大多數公司都在章程中明文規定股東以中國人為限。在較完整的 27 家陪都時期公司章程中（實為 30 份章程，有 3 家公司有前後兩份章程，在此只算一家），中國火柴原料廠股份有限公司等 24 家公司章程均要求股東有中國國籍，其措辭大多為「本公司……股東以有中華民國國籍者為限」。北川民業鐵路章程還規定，「本公司股東以中國人為限，並不得轉讓或抵押於非中國人」，進一步明確了外國人不能因抵押而取得公司股份。當然，即使沒有前述關於抵押的規定，依前文文意，外國人仍然不能因抵押而取得股份，只是有此規定顯得更為明確而已。

華安礦業、灘昌紡織、江北煤礦、天府煤礦（公司名稱均省略「股份有限公司」字樣，下同）四家未提到股東國籍問題，可理解為接受外國人入股，也可理解為不接受。

在筆者查閱的 40 餘家陪都時期公司原始檔案中（為行文簡便，以下提及公司檔案時省去「筆者查閱」字樣），未發現有外國人股東的記載。雖然公司檔案資料繁多，不排除筆者未能查閱到相應檔案，但結合上述公司章程分析，

〔註1〕 曹成建：「試論近代中國公司法規對外資及中外合資公司之規範」，《四川大學學報》（哲學社會科學版），1998 年第 3 期。

可以得出結論：陪都時期公司基本不接受外國人入股。在戰爭、西部區位、法律的限制等因素的作用下，這種現象是正常的。

關於住所限制，1929 年《公司法》對於股東住所沒有限制性規定，而 1946 年《公司法》，「股份有限公司應有五人以上爲發起人，其中須半數以上在國內有住所」。在陪都時期公司原始檔案中，筆者所查閱到的發起人住所均在國內。這一法定要求的實施一般不存在障礙。

關於法人是否有持股資格，首先，自然人當然具有股份有限公司的持股資格。1929、1946《公司法》均規定無限公司股東受破產或者受到禁治產之宣告時應當退股，但對股份有限公司則沒有相應規定。值得探討的是法人是否有持股資格。1929 年《公司法》規定，「公司不得爲他公司之無限責任股東，如爲他公司之有限責任股東時，其所有股份總額，不得超過本公司實收股東本總數四分之一。」有觀點認爲這是立法首次確認法人持股制度。1929 年《公司法》規定公司「如爲他公司之有限責任股東時，其所有投資額不得超過本公司實收股本二分之一」，提高了投資限額，並補充規定公司不得「爲合夥事業之合夥人」。

儘管《公司條例》沒有規定法人持股制度，但在 1929 年之前，理論界一般認爲法人可以持股，而實踐中法人持股也比較常見。王效文先生論述：「法人有爲公司股東之資格與否？列國《商法》，向無明文。我國《公司條例》對此，亦無規定。……就實際而言，則公益法人之爲公司股東者，實屬數見不少〔註 2〕，而一公司之爲他公司股東者，亦屬常事。……然法人之股東，其責任應爲有限，庶不致一團體之破壞，影響於他團體，是則又無容疑義者也〔註 3〕。姚成瀚先生也認爲，「發起人不以自然人爲限，即法人亦可以爲股份有限公司之發起人。如他種公司及其他各種團體，皆得以其董事或代表充發起人也。」〔註 4〕

陪都時期公司章程一般沒有關於公司對外投資的規定，僅灘昌紡織章程依法規定「本公司不得爲他公司之無限責任股東」。在陪都時期公司檔案中，有一些公司對外投資的規定，但爲數不多。例如復興隆煤礦於民國 34 年 6 月

〔註 2〕 「少」字在原文爲「甚少」二字組成一字。
〔註 3〕 王效文：《中國公司法論》，袁兆春勘校，北京：中國方正出版社，2004 年版，第 41 頁。
〔註 4〕 姚成瀚：《公司條例釋義》，第 103 頁。

10 日第二屆第十五次董事會議決議「向立中公司投資 100 萬至 200 萬元,並公推周董事邵益為股權代表人」;又於民國 34 年 7 月 10 日第二屆第十六次董事會議進一步決議投資數額為 170 萬元。又如,四川水泥民國二十九年某次董事會決議:向竟成煤礦投資四萬元、益合木廠投資三萬元。這些投資的目的一般是為了經營需要,還看不出以設立「企業公司」為目的而大規模對外投資的情況。例如,四川水泥投資益合木料廠目的是「如投資後有優先採購之利益,照市價八五折計算」。另外,特種股份有限公司的法人股東一般較多,如巴縣電力係特種股份有限公司,其民國三十三年十二月三十一日「應付股息表」所載十名股東均為法人股東。

(二)取得股份的途徑

取得公司股份的途徑較多,包括以發起人身份取得、認購股份取得、受讓(包括行使抵押權而受讓)取得、繼承取得等。分述如下:

1. 以發起人身份取得股份

1929 年《公司法》規定股份有限公司應有發起人七人以上,1946 年《公司法》則規定發起人為五人以上。兩法及此前的《公司條例》均規定發起人應訂立章程,並對章程的絕對必要記載事項和相對必要記載事項進行了詳細規定(「相對」意為「非經載明與章程者,不生效力」),並詳細規定了發起設立(發起人認購全部股份)和募集設立(發起人不認足全部股份而需向外募集)制度。

從檔案看,大部分公司採用了募集設立方式,能確定採用發起設立方式僅有兩家,一為富源水力發電,該公司在民國三十二年八月二十一日呈社會局請備案文件中寫明:

> 「……組織富源水力發電股份有限公司,股金總額共為一千五百萬元,分為一萬五千股,每股一千元。全部股份由發起人認足,……」;

二為建川煤礦,其創立會決議錄記載:

> 「1. …資源委員會,中國銀行,建設銀公司分別合作組建建川煤礦公司 2. 公司股本總額六百萬元,其分配為,資源委員會六分之二(二百萬元),中國銀行六分之一(一百萬元),中國礦業公司六分之三(三百萬元)3. …按照公司章程第四章第二十條規定,選舉董事監察結果如後……」

也有一些公司的檔案資料不完整，無法反映出採用何種設立方式。

2. 以認購股份的方式取得股份

分為兩種情況，一是公司募集設立時認購股份，二是公司募集新股增資時認購股份。

（1）公司募集設立時認購股份

1929、1946 兩部公司方及此前的《公司條例》均就募集設立制度，基本流程是發起人制定招股章程和認股書，認股者填寫認股書並認繳股份。1929 年《公司法》第九十四條規定，發起人應備聯單式之認股書……，由認股人填寫所認股數、金額及其住所，簽名蓋章。第九十五條規定，認股人有照所填認股書繳納股款之義務。1946 年《公司法》的規定也大致相同，並補充規定「不備認股書或認股書有不實之記載時發起人得各科一千元以下之罰金。」

陪都公司檔案中關於認繳股份的資料較多，較典型的如民國二十五年盧作孚認購四川水泥股份的認股書：

> 認股書
>
> 認股人盧作孚茲願認購貴公司股份二百股每股票面金額國幣一百元，計國幣二萬元，所有招股章程內開各節，均願遵守。
>
> 招股章程
>
> 1. 本公司遵照公司法股份有限公司之規定組織定名曰四川水泥股份有限公司
>
> 2. 本公司設總公司於重慶新街口四川美麗銀行大樓四四號，設製造廠於重慶南岸瑪瑙溪，經董事會之議決得設分公司及分廠於其他地方，呈請主管官署登記。
>
> 3. 本公司以製造水泥及用水泥黏土所製物品運銷各處為營業。本公司公告登載於重慶之新聞報紙……資本總額為國幣一百二十萬元，分為一萬二千股……中華民國國籍者為限……董事有股份十股之股東被選為監察人。
>
> ……
>
> 8. 各發起人共認股份八千股計國幣八十萬元。
>
> 9. 本公司募股期以民國二十五年四月二十日為限，逾期未募足時認股人得撤銷所認之股份

10 本章程未盡事宜悉遵公司法及公司法施行法辦理

此致

四川水泥股份有限公司

認股人姓名：盧作孚

以上是比較標準的認股書，包含了完整的招股章程。可能是由於時期較早，是手寫而成。另一份較典型的是民國三十五年中國工礦建設「中工記」的認股書，該認股書未包含招股章程，但體現為統一打印的表格，除了載明認購股數、金額之外，還載明了戶名、代表人姓名、年齡、通訊處等信息，比較規範（見附錄）。

（2）增資時認購股份

各部公司法均規定原定股款未收足，不得為增資募集新股，並規定舊股東有優先認購權。1946 年《公司法》進一步明確「公司添募新股時應先僅舊股按照原有股份之比例分認，分認不足時得由他股東分認，或另行募集。」

增資募股時公司同樣應置備認股書，供認購人填寫，並據此繳納股銀。

公司檔案中有中國火柴原料廠於民國三十一年增資募股的全套印刷體資料，包括增資募股簡章（招股章程）、增資募股書（詳細介紹公司設立及經營經過以及增資緣由），並附有空白的增資認股書格式（見附錄）。

3. 以受讓方式取得股份

1929、1946 兩部公司法均規定股東可以自由轉讓股份，但時間應在在公司設立登記後，另對發起人轉讓股份規定了一年的時間限制（分別自公司開始營業和設立登記起算）。

《公司條例》特別規定了公司設立註冊前不得「為轉讓之預約」，考慮比較細緻，但之後的公司法沒有沿用。

與當代相比，陪都時期股份轉讓是比較自由的，表現在：

首先，不需要到登記機關登記，而只需由將受讓人之姓名、住所記載於公司股東名簿，並將受讓人之姓名記載於股票即可，即只需要到公司辦理過戶。即使是沒有到公司辦理過戶，其後果也只是「不得以其轉讓對抗公司及第三人」，而並不當然導致轉讓行為無效。陪都時期的公司章程則一般規定為：「未經過戶，在公司仍認原股票記名者為股東」。

其次，法律並未規定公司其他股東有優先購買權。

從陪都時期的 20 餘家公司章程看，大部分章程都對股份轉讓過戶的程序有較細緻的規定，如下表：

章程中股份轉讓、贈與、繼承及過戶條款

公司簡稱	內　　　容
火柴原料	因買賣、贈與而轉讓或繼承取得股份，須由請求人填具申請書連同原股票及其他證據交由公司審核無訛後方換給新股票。每屆股東常會前 30 日，股東臨時會前 15 日，停止股票過戶；
建川煤礦	股票過戶事須由申請人填寫申請書，提出證據，連同原股票交由公司查核無訛方准過戶後換給新股票；每期股東常會前一個月內，臨時會前 15 日內停止股東過戶。
華安礦業	股票之轉讓繼承過戶換票掛失等項規則由董事會另訂之。
灘昌紡織	股東如欲將股份轉讓與他人時，應由原有股東受讓，（出讓）股東應在股票背面加蓋存記印鑒，並由受讓人簽名蓋章，送交本公司查核無誤，方可過戶登載股東名簿。未經過戶，在公司仍認原股票記名者為股東
三才牛煤礦	如有轉讓應先盡舊股東承購，手續依公司法規定辦理。
江北／江合煤礦	股東如有買賣轉讓股票情事，須當事雙方報告公司註冊改名 股東如因繼承或分合股票請求改名時，應聲明緣由連同原股票攜交公司註冊改名 每屆股東常會前一個月內，股東臨時會前十五日內，停止股票過戶
四川水泥	股票之轉讓繼承過戶換票各規定，由董事會另定之
川康平民商業銀行	另定之
四川絲業	股票之轉讓繼承過戶換票各規則由董事會另訂之
重慶輪渡	股票得自由轉讓，但轉讓人須將股票繳還公司，並填明受讓人姓名住址過戶由本公司另換給新股票，因繼承關係須換填姓名者手續與前項同
集成企業	另定之
天原化工	股東常會前一個月起臨時會前十五日期至閉會後七日停止股票之過戶
川康興業	11 股票之買賣讓與由買賣雙方或讓受雙方於股票背面簽名蓋章填具申請書送公司註冊或過戶 12 股票如因繼承關係改換新股票應由繼承人填具申請書並二人以上之保證書連同原股票送公司註冊掉換
華福捲煙廠	第九條 記名股東因買賣贈與等原因轉讓股份所有權，請求過戶時，須於股票背面記載明確並用原印鑒備函，繳由本公司審核無訛後，方可過戶轉給新股票 第十五條 每屆股東常會開會前三十日起，停止股票過戶
義大煤礦	14 股東將股票轉讓他人時應填具轉讓股份聲請書由轉讓人及受讓人簽

	名蓋章另送印鑒交本公司審核後方准過戶並將舊股票繳回注銷另發新股票在未過戶之前股份之權利仍屬於原股東 15 （股票可由）股東向本公司請求抵押，倘在外抵押時應向本公司登記
中國工礦建設章程設立	第九條 本公司之股票之轉讓須於轉讓後一個月內向本公司總管理處繳納手續費五元辦理過戶手續但在股東常會前五十天內停止辦理過戶手續
公司簡稱	內容
富源水力發電	第十二條 股東如欲轉讓其股份，應出具轉讓股份申請書，由轉讓人及受讓人署名蓋章，送交本公司審查後可過戶，未經過戶者股份之權利，仍屬於原股東
寶元通實業	股東之股份如欲轉讓時舊股東有優先承受之權（招股章程） 其組織大綱：本號股東資格以下三種爲限 一、本大綱制定前之股東 二、股東直系歸屬依法得與其承繼人者 三、本號職工經總管理處提請股職代表會認可投資者
中國紡織企業	股票之買賣或讓與應由雙方填具申請書並由原股東於股票背面簽蓋原存印鑒送本公司登記過戶 13 股東如因繼承關係改換新股票應由繼承人填具申請書並備具保證書連同原股票送本公司審定始得登記調換
大川商業銀行	**Tg**12 ……股票如有買賣或轉讓情事應由讓受兩方於股票背面蓋章向本銀行申請過戶或換發新股票如以股票抵押應由受押人及原股東會同通知本銀行登記始能生效 13 股東如因繼承關係更改戶名時應由繼承人得股票及合法證明書送交本銀行查核明確始能辦理
天府煤礦	股票轉讓由雙方具函向公司賣主經董事會審查准許過戶後，將原股票繳銷照數換填股票交新股東收執 股票之轉讓應盡先讓與本公司原有股東承受 股票之抵押應向公司聲請註冊
民生實業	股票是記名式，得自由轉讓。轉讓人須將股票繳還公司，並填明受讓人姓名、住址、及權利起止過戶，由公司另換給記名式新股票，股票因繼承關係，須換填姓名者，……聲明請補發股票，並登報聲明，三個月不發生糾紛，始行補給。
華盛企業	**Tg** 第九條 股東因買賣贈與等原因轉讓其股份所有權請求過戶時應於股東背面記載明確並用原印鑒備函繳由本公司審核無訛後方准過戶轉給新股票。
聚興誠銀行	另定之
和源實業	第十條 本公司股本的自由轉讓，但須將原有股票息折繳還公司並報明

	承受人姓名住址，由公司另行發給，如因承繼分割改換股票者其手續亦同
寶豐實業	另定之

從上述表格統計情況看，當事人須履行特定的申請手續，並繳回原股票（或股款收據），公司方能辦理過戶，審核換發新股票。申請手續要求分為以下幾種：

火柴原料廠、江北／江合煤礦、義大煤礦、富源水力發電、中國紡織企業、天府煤礦等公司要求請求人雙方填具申請書或者提交報告、函件；濰昌紡織、川康興業、大川商業銀行等公司要求雙方在原股票上背書；而華福捲煙廠等公司則同事要求背書加函件申請。

在股份自由轉讓的背景下，仍有個別公司處於自身特殊的考慮，對股份轉讓進行限制，例如，儘管法律並未規定公司其他股東對轉讓的股份有優先購買權，但三才生煤礦的章程仍提出了這一要求。又如，復興降煤礦作為「族產」，其章程則規定股份只能在族內轉讓；寶元通實業實行廣泛的員工持股，不允許非本公司員工成為股東，故其章程等也有限制為：「職工經總管理處提請股職代表會認可投資者」。

關於辦理過戶手續的時間，中國工礦建設的章程規定「須於轉讓後一個月內向本公司總管理處……辦理過戶手續」。其他公司的章程則沒有類似規定。同時，不少公司為因召開股東會的原因，規定股東會前的一段時間停止辦理股份轉讓的過戶手續。在筆者考察的 26 家有股份轉讓規定的公司章程中，有 11 家章程有停辦過戶的規定。但由於一些公司章程規定過戶規則由董事會另定，實際有股東會前停辦過戶規定的公司應當不止 11 家。停辦期間一般為股東常會前 30 日，股東臨時會前 15 日；也有個別公司有不同的規定，如天原化工在前述一般規定基礎上，增加規定股東會閉會後七日仍然停辦過戶；又如，中國工礦建設的章程規定股東常會前 50 日停辦過戶。1929 年《公司法》對停辦過戶問題沒有規定，而 1946 年《公司法》增加規定，股東常會開會前一個月內，或股東臨時會開會前十五天內不得轉讓股份。這實際上是對此前實踐中操作習慣的確認。

在陪都公司檔案中，有大量關於股份過戶的申請書、公司回覆等原始資料，反映出法律和章程制定的股份過戶規則在實踐中的執行情況。

中國火柴原料廠民國 33 年 6 月 30 日辦理股票轉讓過戶的全套文件，包

括申請函一份，內容爲原股東星星火柴廠於本年 3 月份倒閉，將持有的約 20 股轉讓給趙明宣，並附「股票轉讓過戶換票申請書「（正式格式，見附錄）。從公司爲股票轉讓過戶印製申請書格式的情況看，當時的股票轉讓過戶辦理已經規範化。

上表顯示有一些公司章程規定過戶規則由董事會「另定之」，可以推斷當時絕大部分公司都對於過戶事項有明確的規定，實現了規範操作。

復興隆煤礦的兩例股權轉讓，則較完整地反映了股東與公司之間就股權轉讓產生的互動過程。第一例是民國三十四年十二月，股東周家儼向周潤之轉讓股權，雙方共同遞交聲請書如下：

出讓／承受復興隆煤礦公司股權聲請書

出讓股權人周家儼將本公司本人股權五股經中人議定作價公允轉讓於周潤之名下管業，按本公司股權轉讓章程核符係本族互相轉讓諒貴公司自無異議，希照核准並請將股權於三十四年十二月六日準照過戶爲荷

此致　復興隆公司董事會

出讓／承受股權人周家儼、周潤之同具

這一案例還說明復興隆煤礦章程關於股權轉讓的限制在族內轉讓的規定得到了遵守和執行。該公司還有一例股東試圖向族外人員轉讓股權，但未被批准。

第二例是民國三十六年五月復興隆煤礦就周德新向周秉粟轉讓股權過戶手續辦理完畢的通知：

通知書

三十六年五月六日據周德新周秉粟聯名聲請讓受股權一案，查周德新願將所有本公司股權陸股，轉讓與周秉粟承受，既經公允作價，完成買賣手續，核與本公司章程尚無不合，自應如請過戶，並換發股票，除公知外，特此通知。

此致　周德新　周秉粟

復興隆煤礦公司董事會

這一案例發生在陪都時期後期，公司在辦理過戶手續後還致函申請人予以確認，更爲規範。類似的辦理過戶手續的例子在四川水泥、義大煤礦、和源實業等公司中也有所見，此不贅述。

4. 因繼承、承繼而取得股份

股權作為財產當然可以繼承。陪都時期公司的章程大都對股權繼承問題作出規定，或者授權董事會另定規則，其要求大致與轉讓過戶相同，提交申請繳回股票即可。但也有少數公司提出更嚴格的要求，如川康興業還要求提供一人以上之保證書，並繳回原股票；民生實業則要求登報聲明三個月，不發生糾紛，才換發股票。

陪都時期公司檔案中關於股權繼承的案例較少。中國火柴原料廠有一例：民國 32 年 5 月 22 日張受虞向公司來函稱「先父澤敷病故，受虞為其繼承人資將印鑒蓋章附呈，希予更改以後股權及權利義務由受虞負責繼承」。說明繼承情況是存在的。

關於以承繼方式取得股份，有兩種情況：一是一人持有的股份分立為兩個以上的戶頭，二是法人股東因發生倒閉等情況導致其股份被他人接手。分述如下：

（1）股票的分割與合併

當時公司法對此沒有明確規定，大多數陪都時期公司章程的相關規定也較少，但仍有少數公司的章程提到股票分合問題，如江北／江合煤礦章程規定，「股東如因……分合股票請求改名時，應聲明緣由連同原股票攜交公司註冊改名」；北川民業鐵路章程也提到股票的分割。

公司檔案中，未發現股份並戶的案例，但有少量分戶的案例，如川康平民商業銀行股東李樹培（著名實業家）為股票分戶在某年四月七日致函該銀行，稱：

> 「時輔主任仁兄…敝主席所入貴行之股份資金五千元現因分交其夫人承受，計嚴夫人永德名下已承受三千五百元股票共計三張，其號碼……，現為以後結算便利，避免混淆起見，擬另立戶頭即以嚴夫人之名義辦理。茲將股票三張附上，祈查照將戶名改為永記，股東姓名改為王嚴永德並希改發新股票以為執據，此來有勞清神，…專此奉達…」

（2）因法人股東倒閉引起股權移轉

當時公司法及公司章程對此沒有規定，但在公司檔案中有相關案例，如中國火柴原料廠於民國三十年十一月收到徐賓谷來函稱：

「（徐）與他人合夥設立福星火柴廠，投資貴公司國幣 25000 元，現福星火柴廠因火災解散（已登報聲明並在經濟部備案），現該廠重新組織，由徐一人獨資經營，改名爲福星利記火柴廠，故請求將福星火柴廠投資移轉爲福星利記火柴廠所有，請發給股權移轉證書」。

對此，公司於民國三十年十一月五日覆函稱：

「福星火柴廠投資本公司股權轉移事項，查來函所附福星火柴廠撤銷合夥關係契約內對於此股權之移轉處分無明顯之專條裁定，而報紙所登啓事亦未說明。似於法律手續尚未完備。請與原福星火柴廠之各股東另立專約並登報聲明，再來辦理過戶。」

可見，該公司對於股權過戶的審核是比較嚴格的。但對於類似的情形，該公司也有發生糾紛的案例：

民國三十年十二月，火柴原料廠根據向鼎三的申請及提供的印鑑片，將前以恒升火柴廠商牌投資本公司之股權移轉合川民濟火柴廠牌號，予以過戶。但在一年半之後的民國三十二年七月二十五日，火柴原料廠股東湛記代表人徐湛元來函稱，合川民濟火柴廠股份 2500 元之股款係由徐湛元撥出，向鼎三「私擅具函，將該項股款撥移民濟廠名義要求過戶」，現原收據仍在徐湛元手中，徐據此要求糾正上述過戶行爲。此事火柴原料廠是否審核不嚴，爲何徐湛元在時隔一年半之後才提出異議，都已不可考。從另一個方面看，也體現了股東利用股份過戶規則積極維護權利。

5. 因行使抵押權而取得股份。

陪都時期公司法對於股份的抵押沒有明確規定，而公司章程中僅有義大煤礦、大川商業銀行、天府煤礦提到了抵押須在公司登記、註冊，當然也有一些公司章程授權董事會另定規則。

從公司檔案看川康平民商業銀行等公司有股份抵押登記的案例，例如：

民國二十七年八月二十三日，重慶川臨銀行股份有限公司致函川康平民商業銀行稱：

「逕啓者，茲有宓芷村君以貴行所出公記抬頭第四百號股款收據向敝行暫借款項，特函奉達貴行賜予登記，自即日起，在抵借款項未經還清、敝行並未聲請撤銷登記以前，上項股據權益即屬敝行佔有，請煩查照賜理見覆爲荷……」

中國火柴原料廠還有因質押而引起過戶的案例：

民國三十二年八月二十四日，貴州企業股份有限公司將投資火柴原料廠的股款國幣 10 萬元，連同其他事業股款並作押品，向貴陽中國銀行及交通銀行透支國幣 2000 萬元。之後，貴陽中國／交通銀行向火柴原料廠來函要求將上述 10 萬元對應的股款收據過戶爲貴陽中國／交通銀行。火柴原料廠也回覆：「自當照辦，除已用註冊方式過入貴陽中國／交通銀行戶名，原股據不再加批外，相應函覆」。

公司檔案中還有因欠款還清而撤銷抵押登記的案例：民國二十八年初，川康平民商業銀行致函股東朱大爲稱：

> 「逕啓者，項准重慶川監銀行二十七年十二月三十一日函開「查朱
> 大爲君前以貴行第二零七號股款收據向敝行押借款項，曾經函請貴
> 行登記在案，茲朱君已將此項借款還清，相應函達貴行，請煩撤銷
> 登記並將撤銷登記情形函知朱君」等由，準此除照函撤銷登記外，
> 相應函請查照爲荷……」

值得注意的是，對於股權質押，有些公司採用了登記的做法，而有的公司直接予以過戶，而這種過戶並非因未能按期還款導致債權人行使權利而取得股份，而是相當於質押登記。儘管沒有找到因未能按期還款導致債權人行使抵押權而取得股份的直接案例，但從上述案例看，這種可能性是存在的。

（三）出資義務的履行

1. 出資財產的種類

根據 1929 年《公司法》規定，股東可以現款、財產出資，但如財產估價過高者，創立會得減少其所給股數，或責令補足。

關於可否以債權出資，1929 年《公司法》則無明文規定。但 1946 年《公司法》規定，在公司資本有虧損時，股東不得以其對於公司之債權抵繳其已認未繳之股款。可見，在特殊條件下，股東可以以其對公司享有的債權抵繳股款。在陪都時期公司章程中，沒有發現可以債權抵繳股款的規定。在公司檔案中，筆者發現一例：民國二十六年八月四日江北（江合）煤礦董監聯席會議決議：「……各董事舊欠輿馬（費）現無款歸還，撥作新增股本以資抵償。」

當遇到增資時，陪都時期公司還存在將股息、紅利直接抵作股本的情況。例如，民國二十六年八月四日江北（江合）煤礦董監聯席會議決議：「各股東

不能認足派定股款時，應將 25 年官息作股」；民國三十三年六月十八日，中國火柴原料廠股東貴州遵義火柴股份有限公司經理李培根來函：「本廠應得紅利 397.64 元，請以 300 元轉作股款」。

2. 每股限額

1929 年《公司法》規定公司每股金額「不得少於二十元，但一次全繳者，得以十元爲一股。」1946 年《公司法》則取消了這一限制。在陪都時期公司章程中，每股金額大部分是一百元，其次是一千元，少量是十元、五百、二千元。

3. 出資期限

1929 年、1946 年《公司法》均規定第一次應繳之股款不得少於票面金額二分之一。但對於餘款繳清的期限沒有規定，而由公司自定。

在筆者考察的 27 家公司章程的考察，其中 20 家公司的章程注明了開始營業時收多少股本，其中 17 家一次收足，3 家先收二分之一。另外 7 家的沒有體現在章程中。筆者初步推測，當時一次收足股款的情況較多。

有關陪都時期公司股東出資每股限額、出資期限以及資本額的基本情況，可參見以下章程相關條款統計表：

章程資本額、股份數、出資期限規定統計表

公司簡稱	內　　　　　容
火柴原料	資本一百萬，先收二分之一，其餘在公司成立後半年內分期收足
建川煤礦	1.資本總額一千二百萬元，分爲十二萬股，每股一百元，資源委員會認四萬股，其餘股東認八萬股。
華安礦業	本公司資本決定爲國幣壹千萬元分爲十萬股每股一百元一次收足
濰昌紡織	資本國幣 20 萬元，分爲 2 千股，每股一百元
三才生煤礦	股本總額爲國幣二百萬元，分爲二萬股每股一百元，每股有一表決權。
江北／江合煤礦	公司股本總額定爲壹仟萬元分爲十萬股每股一百元
四川水泥	資本總額定爲國幣一百二十萬元分爲一萬二千股，每股一百元一次繳足
川康平民商業銀行	資本總額定爲金元一百六十萬元分作十六萬股每股金元十元全數收足
四川絲業	第六條　本公司資本總額定爲國幣貳拾伍億元分爲貳仟伍佰萬股每股壹百元一次收足

重慶輪渡	股本總額爲國幣十五萬元，伍佰元爲一股，收足總額半數得開始營業
集成企業	本公司資本總額定爲國幣貳仟萬元分爲一萬股每股二千元一次收足
天原化工	股本總額爲國幣三百萬元爲三萬股每股國幣銀元一百元
川康興業	股本總額定爲七千萬元分爲七十萬股每股一百元，內四十萬股爲官股，由國庫認購二十萬股，四川省政府認購七萬股，西康省政府認購三萬股，其餘三十萬股爲商股，定期招足，其招股章程另定之 股本收足二分之一以上時即行開始營業，因業務之必須增加股本時由股東會議決呈請經濟部核准
華福捲煙廠	本公司資本總額原定爲國幣五百萬元，第一次增資一千五百萬元，第二次增資四億八千萬元，共爲五億元，分爲五百萬股，每股國幣一百元，其中原有五萬股及第一次增資之五萬股定爲甲種股份，其餘四百八十萬股定爲乙種股份，均一次收足
義大煤礦	資本總額定爲國幣六千萬分爲六萬股
福民實業	資本總額定爲國幣四億元分爲四百萬股每股一百元一次收足
中國工礦建設設立	本公司資本總額定爲二百五十萬元分二千五百股每　　千元
中國工礦	本公司資本總額定爲一億元分二十萬股每一千元
公司簡稱	內容
富源水力發電	本公司資本總額定爲國幣一千五百萬元，分爲一萬五千股，每股一千元，一次繳足
寶元通實業	資本總額定爲國幣六千萬元分爲三十萬股，每股國幣二百元，一次收足
中國紡織企業	普通股總額定爲國幣三千萬元分爲三萬股，優先股總額定爲國幣貳仟萬元分爲二萬股每股均爲一千元一次繳足
大川商業銀行	資本總額定爲國幣一億元分爲一萬股每股國幣一萬元一次收足
天府煤礦	股東國幣三十六億六千萬元，每股一萬元一次收足
民生實業 37 年 4 月	本公司股本總額爲國幣壹百億元，分爲捌拾萬股，一次收足
民生實業 33 年 5 月	本公司股本總額，定爲國幣捌仟萬元，分爲八十萬股
華盛企業	本公司資本總額完爲國幣一千萬分爲十萬股每股國幣一百元一次收足
聚興誠銀行	本銀行資本總額定爲國幣四百萬元分爲四萬股每股一百元一次收足
北川民業鐵路	本公司股本總額定爲六十萬元，分爲六千股，以一百元爲一股
和源實業	本公司資本總額定爲國幣六千萬元正分爲六千股每股一萬元。 第七條　本公司股款由發起人募足之，應以現金一次繳納不得以勞力及

	財物移充股款。
寶豐實業47年4月修改	本公司資本總額定爲國幣五億元，分爲五十萬股，每股一千元，一次交足
寶豐實業	資本總額定爲國幣壹佰萬元，分爲一萬股，每股一百元，一次收足

4. 股款的繳納與催繳

應當注意到，陪都時期股東「認股」環節並不一定要繳納股款，因此就出現了催繳股東的問題。1929 年《公司法》規定了催繳時間爲股份總數募足時；發生拖欠時應再限期催繳，並聲明逾期不繳，失其權利；股東繳款延遲者，應加算利息，如章程定有違約金者，公司得請求違約金。1946 年《公司法》的規定大致相同。

陪都時期公司檔案中有少量關於催繳股款的資料，例如中國火柴原料廠於民國三十年三月十八日召開董事會後，發出催繳股款通告：

> 「限於四月三十日前向指定銀行繳齊，逾限則召集外股補足之，除另函通知外，特此登報公告」。

又如，富源水力發電於民國三十二年六月五日致函經濟部工礦調整處：

> 「敬啓者，查富源水力發電股份有限公司組設事宜，前經發起人會議決議積極進行，並催請各發起人繳納股款……敬希…鈞處認繳之股款國幣二百萬元即祈送存金城銀行信託部重慶分部代收爲荷
>
> 此致
>
> 經濟部工礦調整處
>
> （籌備處章）

上述兩例分別採用了公告和發函的形式，都比較規範。

（四）股權憑證與登記

1. 股款收據

股東繳股款時，公司應出具收據；由於公司法規定，公司註冊登記後才能發給股票，加上有些公司註冊登記後未能及時發放股票，故股東收據在公司註冊登記之前以及之後的一定時期內作爲股東權利憑證存在，直至領取股票時交回公司。

公司法及公司章程對股款收據沒有明確規定，但公司檔案中有一些關於股款收據的資料。中國火柴原料廠、華安礦業等公司印製了專門的股款收據格式（見附錄）。川康平民商業銀行亦有股東唐棣之因股款收據遺失，

登報作廢，要求另發的例子。上文股權抵押一節所舉的兩個例子，也都是以股款收據質押借款。可見，股款收據替代股票作為權利憑證的功能是比較完備的。

2. 股　票

陪都時期公司法詳細規定了股票的記載內容，包括公司名稱及設立日期、股數及每股金額、股款分期繳納者其每次分繳之金額、股票發行日期等。

陪都時期公司檔案中天原化工、大川實業等公司的股票，比較規範，印製較精美。（見附錄）

關於股票的面額，法律沒有明確規定。從陪都時期公司章程看，面額從一股、五股、十股、五十股、一百股、一千股的都有，一家公司的股票一般有 3～4 種面額。

關於股票的簽發，公司法沒有明確的規定，陪都時期公司章程則大都作了規定，具體章程條款統計情況如下表：

章程股票面額與填發條款統計表

公司簡稱	內　　容
華安礦業	本公司股票分一股十股五十股一百股四種由董事五人以上署名蓋章編號填發
四川水泥	本公司股票份一股十股五十股等三種由董事五人署名蓋章編號填發
川康平民商業銀行上海？	股票蓋用本銀行圖章由董事會推定董事 5 人署名蓋章編號填發
四川絲業	第八條　本公司股票由常務董事署名蓋章編號填發
集成企業	本公司股票由常務董事五人署名蓋章編號填發
川康興業	股票概用記名式分為一股十股百股千股四種 股票由董事長及常務董事簽名蓋章加蓋本公司圖章載明左列事項 本公司名稱 股票編號及發行年月日 股本總額及股票金額 股東姓名 設立註冊之年月日
華福捲煙廠	本公司股票由董事長及董事五人簽名蓋章填發之

義大煤礦	股票分爲百股十股一股三種由董事長及董事四人簽名蓋章
福民實業	股票於呈准登記後由董事五人以上署名蓋章編號填發
中國工礦建設章程設立	由常務董事五人以上會同簽名蓋章
大川商業銀行	8 · 股票蓋用本銀行圖章由董事長及董事共五名署名蓋章編號填發
天府煤礦	股票均爲記名式由董事長及董事四人簽名蓋章
華盛企業	本公司股票均爲記名式分爲十股 一百股 一千股三種由董事五人簽名蓋章編號填發之。
聚興誠銀行	第八條 本銀行股票分爲一股五股十股三種由董事五人署名簽章編號填發。
聚興誠銀行	第三章第十條擬改爲(本銀行股票分爲一股五股十股五十股一百股五種由董事三人署名簽章編號填發)
寶豐實業	公司股票分爲一股、十股、百股三種,由董事會五人署名、蓋章、編號填發
寶豐實業	本公司股票一律採用記名式並分一股、五股、十股、一百股四種,由董事五人以上署名蓋章發行

　　從上表看,股票的簽發人數分爲以下幾種情況:大多數規定爲董事 5 人署名蓋章,個別規定爲常務董事 5 人,如集成企業;個別規定爲(全體)常務董事(當時章程規定有 11 人)如四川絲業;個別規定爲董事長及常務董事如川康興業;個別規定爲董事長及董事 5 人如華福捲煙廠;個別規定爲董事長及董事 4 人,如義大煤礦;個別規定爲董事長及董事共 5 人如大川商業銀行。總之,由多名董事集體簽發,這一點是共同的。

　　股票有記名和無記名之分。兩部公司法均規定,記名股票須用股東本名,不同股票同一人所有,應記載同一姓名。

　　無記名股票有以下特點:

　　一是股款收足後才能發給;

　　二是隨時可改爲記名股票;

　　三是無記名股票持有人,須在股東會開會前五日將其股票交存公司,才能出席股東會。

　　四是占公司股份總數有一定限額,1929 年《公司法》規定爲三分之一,1946 年《公司法》規定爲二分之一。

在筆者查閱的 26 家對股票記名與否有規定的公司章程中，絕大多數為全部記名，僅華福捲煙廠有無記名規定，另中國工礦建設設立時的章程規定股票全部幾名，而在 1946 年修改的章程中規定「所有股票得用記名式或無記名式」，開始採用無記名股票。從整體情況看，記名股票是公司股票的主要形式。

陪都時期公司對於股票遺失、毀損後的補發問題一般都有細緻的規定，舉例如下表：

章程中股票遺失損毀後補發條款

公司簡稱	內　　　容
火柴原料	股票遺失或毀損，須登載公司指定之日報公告三天，公告最終之日起 60 日後並無第三者提出異議，再邀同相當保證人出具證書，經審核無誤方能補給新股票。換給或補給股票要收取國幣一元的手續費及應貼之印花稅費；
建川煤礦	股票因破壞請求調換，須由原股東填具申請書連同原股票交由公司核查無誤後換新股票； 股票遺失請求補發須由原股東將遺失情形登載兩種以上著名報紙，公告三天，經過六十日後並無第三者主張異議時，須有約同保人申請書同三日報紙交由公司查核無誤，准許換發新股票。換發股票，每張收費二元，及其應貼印花稅費。
華安礦業	股票之轉讓繼承遇戶換票掛失等項規則由董事會另訂之。
濰昌紡織	股票如有遺失或損壞時，應將遺失或損壞之股票號數張數股額戶名姓名以書面向本公司聲請登記，並登載本公司指定之報紙公告作廢，自公告最後之日起經 2 個月，如無糾葛發生，得覓妥保備具保證書連同公告作廢之報紙一併交本公司存查注銷舊股票之票根，補給新股票 股票因轉讓過戶及遺失注銷等聲請本公司填給新股票時，每張應繳印刷費 1 元及應承擔之印花稅費。
江北／江合煤礦	股東如因遺失股票或毀損請求補給時應一面向公司聲明原由一面向公司住在地官廳立案並登報聲明舊票作廢，經過一月以上不發生糾葛，得要請妥保證明，公司當另給新票。 換票及發給新票手續費每票銀元三元及應貼之印花稅費
四川水泥	股票○○遺失毀滅○○應即函告○○並於本公司所在地及失亭地主自在新聞紙登載公告，○○三個月，無糾葛○○得邀保證人出具保證書補領
川康平民商業銀行	11 股票遺失或毀損欲向本銀行請求另給新股票者須具正式申請書並須有本銀行認可之保證人一人或二人簽名蓋章提向本行申請並由申請人在本行指定之新聞紙登載通告經過三十日如無○○發生得向本銀行補領股票並納工本費
四川絲業	股票如有遺失毀滅情事，股東應即函告本公司並於本總公司所在地及失

	事地方自向新聞紙登載公告經過三個月後如無糾葛發生始得邀保證人出具保證書向本公司領取新股票
重慶輪渡	如有遺失股票者須向本公司聲明請補發股票,但須有二人以上之保證,並登報聲明三個月不發生糾紛始行補給 凡換給或補給新股票每張須收手續費壹圓。
集成企業	第十三條 股票如有遺失毀滅之事股東應即函告本公司並於本總公司所在地及失事地方自在新聞紙登載通告經過三個月如無糾葛發生始得邀保證人出具保證書向本公司換取新股票
天原化工	股票如有遺失損毀情事應由原股東向公司報告事由,並登報聲明兩個月後如無糾葛取具保證由公司補給新股票 11 股票因讓受過戶及遺失補給時本公司每張徵收手續費一元
川康興業	13 股票遺失應填具申請書經二人以上之書面保證送公司合辦,並由遺失人登載本公司指定之報紙公告作廢後滿三月如無糾葛始得補發新股票,由遺失人出具收據交由公司備案 14 遺失之股票倘於公告期內發現應通知公司注銷報失申請書並由報失人登報聲明但換票費不退還 15 申請補給股票事件如有糾葛時應由申請人自行理楚。理楚後須經確實證明方能補發新股票 16 股票如有損毀污染或背面無簽名蓋章之餘地時得具申請書檢同股票送公司請換新股票 17 股票過戶費每張國幣五角,換票費每張國幣一元
華福捲煙廠	第十條 記名股東如因股票遺失毀壞,請求補給新股票時,須登載本公司所指定的日報,七天經過,六十日後並無第三者主張異議,在取具相當保證人保證書連同所登載報紙全份交由本公司審核,無訛後補給新股票
義大煤礦	股東對於股票有遺失或意外毀滅時應即函告本公司並登報聲明經三個月如無糾葛發生始得邀同保證人出具保證書向本公司換取新股票
中國工礦建設章程設立	第八條 本公司股票如有遺失或毀滅情事股東應即局面報告本公司總管理處並在總管理處所在地及出事地方登報聲明作廢經六十天後,如無糾葛發生,得邀同本公司認可之保證人出具保證書領取新股票。

陪都時期公司章程中絕大部分都有關於股票遺失損毀後補發的規定,上表僅選取了部分章程的相關條款,其他章程的規定與上述規定類似。從上表看,火柴原料廠章程規定的程序比較典型,為「登報公告三天－最終之日起60日無異議－保證人出保證書－審核補發」;川康興業的章程對於掛失期間找到股票以及發生糾葛處理辦法有詳細規定。總的來說,所有章程規定的流程一般具備「公告、等待期、保證人」三要素,僅有江北／江合煤礦一家要求報案。公告天數,有不提的,也有明確提出 3 天、7 天的;所公告的報紙數量,

一般不提，個別要求在兩種報紙上公告（如建川煤礦）；等候天數，有一、二、三個月不等；保證人一般都需要，大多是要求在申請書上簽字，個別是要求單獨出保證書（如華福捲煙廠）。另外，補發股票通常要求股東繳納手續費和承擔印花稅費。

3. 股東名簿

陪都時期公司法規定公司應建立股東名簿，並詳細規定了股東名簿應記載的內容，1929 年、1946 年《公司法》均規定，股東名簿應編號，記載下列各款事項：各股東之股數及其股票號數，各股東之姓名住所，各股份已繳之股款及其繳納之年、月、日，各股份取得之年、月、日，發行無記名股票者，應記載其股數、號數及發行之年、月、日，發行優先股者，應於號數下注明優先字樣。

相對於當代的股東名冊制度，股東名簿制度的特別之處在於股東可以自行起堂號或別名，然後載明代表人，這樣，股東名簿上可能看不到股東真正的身份，滿足了一些股東不願張揚的心理，迎合了我國傳統的商業習慣。另外，這一做法也與 1929 年《公司法》確定的股東表決權限制制度有關，該法強制規定對於一股東而有十一股以上者，應以章程限制其表決權；而當時公司的章程對這一規定給予了響應，有些甚至規定了比法律規定更嚴厲的表決權限制條款（這一點將在後文股東會表決規則部分詳細論述），這給出資較多的股東造成了很大的壓力，故採用一人多設堂號的方法來規避法律和章程中的表決權限制條款。

陪都時期公司章程大都認可以堂名、別號、字號登記股東名簿的做法，只是要求應將代表人姓名住址報於公司，如華安礦業、灘昌紡織、四川絲業等。

從陪都時期的公司檔案看，義大煤礦的股東名簿較典型地體現了上述特點：

（1）一個出資人立多個戶頭，相當於多個股東，例如「華僑企業股份公司」至少分立了 8 個戶頭，其戶名及代表人分別為：華記（胡文虎）、僑記（胡好）、企記（錢新元）、業記（李組紳）、股記（王儒堂）、份記（杜月笙）、公記（李子明）、司記（蔡漢蟾）。又如，沈芷人（無代表）、致遠堂（沈芷人為代表人）、芷記（沈芷人）三個戶名，明顯為沈芷人一人控制，只是換了三種提法。

（2）個人股東一般也不以本人姓名爲戶名，而是以個人姓名中的一個字爲線索而確定戶名，而本名爲代表人，如宇記（陳宇），銘記（劉思銘）、月記（杜月笙）。但也有直接以個人姓名爲戶名，不設代表人的情況。

（3）關聯股東較多，例如名簿上連續 12 人均姓藍（藍孟葭—藍季良—藍樹平等），應屬一個家族，或多人爲一人持股。

（4）也存在戶口與代表人姓名看不出聯繫的情況，如盛記（藍森）獻記（薛曉庸）。

此外，川康興業在四川絲業的投資也分設爲興業記、興經記、興設記三個戶頭；建川煤礦、天原化工的股東名簿也都有一定的參考價值。（見附錄）

關於戶名與代表人的關係，還有幾點值得注意：

（1）**數量的對應**

從公司檔案看，由於戶頭增多，出現了一人代表（代理）多個戶頭的情況，例如民國三十三年四月二十日，樂嘉禾致函中國火柴原料廠，告知其所代理的股東名單爲李光炯等 6 人。反之，也存在一個股東委託多個代表人的情況，例如，民國三十六年五月一日，沙市紗廠致函巴縣電力稱：

> 「敬啓者　敝廠投資貴公司股權原由蕭松立先生一人代表。茲因爲事實便利起見，特改由蕭松立、高鵬九兩先生共同代表，即各代表半數；相應函達，請煩查照爲禱……」。

（2）**機構也可擔任個人股東代表人**

公司檔案中還有個人股東借用公司名義入股，並委託公司作爲長期代理人的情況，例如，民國三十二年五月，股東彭湖致函中國火柴原料廠，稱其以「貴企記」名義執有公司股份一千股，並委託授權貴州企業股份有限公司爲上項股份之代理人；相應的民國三十二年七月二十日，貴州企業股份有限公司來函對此確認「嗣後關於上項股份之移轉過戶收取股息及其他一切行爲均以本公司印鑒爲憑」。前述「代理」不同於委託他人代理參加股東會等臨時代理，實爲長期代表。

（3）**代表人可以被中途更換**

例如，民國三十五年八月七日，宋子良致函中國火柴原料廠稱：「貴公司英記名下股份壹萬股原由本人代表，茲請改爲由張竹嶼先生代表」；又如，民國三十五年貴州企業股份有限公司致函中國火柴原料廠稱：

「35 年來函（35 年會字第 032 號）本公司投資貴公司股東代表暨股額，因人事變動及增資關係業經分別調整，並函請登記在冊。茲將各股東代表授權書及印鑑共三紙，隨函送上，即希查收存驗」。

上述川康興業在四川絲業的投資的三個戶頭，在民國三十八年四月一日也有更改代表人的記載。

對於法人持股不以真實名稱立戶的情況，1946 年《公司法》進行了禁止，規定「股票為政府或法人所有者應記載政府或法人之名稱，不得另立戶名或僅載代表人姓名。」。

4. 股東印鑑

股東印鑑是股東行使權利的重要憑證。陪都時期公司章程對於股東印鑑的要求比較細緻，頗具特色，部分公司的章程關於印鑑的規定如下表：

章程中的股東印鑑及其遺失處理條款

公司簡稱	內　　容
火柴原料	股東應交存印鑑，填具圖章或簽字式樣。印鑑遺失或損壞許邀同保證人出具保證申敘經過，經審核後改換新印鑑存記。
濰昌紡織	留印鑑存查，以為領取盈餘利息或轉讓股份及行使股東一切權利時之憑證 股東之印鑑有遺失時，須邀同相當保人填具保單，向本公司聲明遺失緣由，經本公司查核無誤並登載本公司指定之報紙三日，再為新印鑑之登記。但在新印鑑登記以前發生事故，仍歸遺失人自理
四川絲業	股東應將其印鑑函送本公司存證凡領股份通常紅利及與本公司有書面事件概以此印鑑為憑嗣後有變更時亦須函告本公司
川康興業	股票簽字印章姓名住址應於印鑑紙注明送公司登載記錄簿，其以堂名或商號出名者應注明本人或代表人之姓名住址，遇有變更須隨時聲請登記
華福捲煙廠	第十二條　記名股東應將所用規章或簽字式樣填具印鑑交由本公司登記以後，領取股息紅利轉讓股份及行使其他一切股東權利時，均以交存本公司印鑑為憑 第十三條　股東送存本公司之印鑑內所有規章如有遺失或損壞時，須在本公司指定之日報登載五日，經過三十日後，並無糾葛發生，再具相當保證人證書，連同所登載報紙全份送由本公司審核無訛後，方能改換印鑑存記
富源水力發電	第十三條　股東印鑑如若遺失，應填寫聲明書，錄述遺失緣由，經本公司審察無誤後方得更換新印鑑。

由上表可知，股東繳存的印鑑是股東行使權力的重要憑證。股東領取股

息紅利、轉讓股份及行使其他股東權利時，均以交存公司的印鑑爲憑。

印鑑遺失處理流程，不同的章程規定繁簡不一。例如，灘昌紡織規定的流程是「保人報告－公告－審察更換登記」，華福捲煙廠則更複雜，規定爲「公告－等待期－保人報告－審察更換登記」；富源水力發電則比較簡單，規定爲「報告－審察更換」，火柴原料廠的態度比較適中，規定爲「保人－報告－審核更換」。

從華福捲煙廠章程的規定，我們還注意到，只有記名股東才需要交存印鑑，持有無記名股票的股東不存在交存印鑑問題。

二、股東的權利與義務

以下主要從股東個體的角度，探討其權利和義務。

（一）股東權利

股東權利主要包括查帳及及監督權、利益分配權、表決權三項，分述如下：

1. 查帳及監督權

陪都時期公司法規定，股東可隨時請求查閱章程及歷屆股東會決議錄，資產負債表等財務資料、股東名簿及公司債存根簿等置備於公司；並特別規定董事在股東常會開會前十日，應將所有關各項表冊與監察人之報告書備置於公司供股東查閱。

公司法還賦予了少數股東（股份總數二十分之一以上）請求法院檢查公司業務及財產情形的權利。法院於檢查員報告後，認爲必要時，得命監察人召集股東會。

公司檔案中有關股東行使監督權利的資料，主要體現於股東會決議記錄，將在後文「股東會」一節介紹。公司檔案中沒有關於少數股東請求法院干預的案例。

2. 表決權及其限制

在表決問題上同股不同權，這是民國時期公司法的一大特色。每次開股東會，不但要統計到會股東持有的股份數，更重要的是統計「權數」，二者之間有較大的差距。例如，華安礦業共有股份 3 萬股，表決權只有 16020 權；強華實業共有股份 5 萬股，表決權只有 25005 權，股數與權數相差約一倍。

　　應當特別注意，三部公司法都有以章程對「一股東而有十一股以上」的股東表決權進行限制的規定，但《公司條例》的措辭是「得以」，不是強制性的；1929 年《公司法》改爲「應以」，並規定每個股東的表決權總量（含代理他人）不超過全體股東表決權五分之一，相當嚴厲；1946 年《公司法》又改回「得以」。簡言之，只有 1929 年《公司法》表決權限制規定是強制性的。

　　從陪都時期公司章程看，絕大部分都規定了表決權限制條款，具體如下表：

章程股東表決權限制條款統計表

公司簡稱	內　　　　　容
火柴原料	一股東有 11 股以上者，其超過之股數每五股四權，五十股以上每五股二權，一百股以上者每二股一權。
建川煤礦	股東會表決權以每股爲一權，但一股東有 11 股以上者，其十一股以上之股份每十股爲九權，不滿一權之零數不計。
華安礦業	股東會議決權以每股爲一權，一股東而有十一股以上者，每遞增兩股有一表決權。
濰昌紡織	本公司股東每一股有一表決權，但一股東有 51 股以上者，其 51 股以上之股份以九折計算，不滿一權者不計。
三才生煤礦	股本總額爲國幣二百萬元，分爲二萬股每股一百元，每股有一表決權。
江北／江合煤礦	每股有一表決權，但一股東而有五十股以上者，其五十一股以上每五股爲一權，有一百零一股以上者其壹佰零一股以上之股份每十股爲一權，不足一權者不計。
四川水泥	本公司各股東每股有一表決權，一股東而有十一股以上者，自十一股起，每二股有一表決權。
川康平民商業銀行	各股東每一股有一表決權一股東而有十一股以上者自十一股起之股份以九折計算畸零不計。
四川絲業	第十六條　本公司各股東每一股有一表決權，一股東而有十股以上者除十股有十權外，其超過十股以外之股份每二股有一表決權，但每股東之表決權及其代理其他股東行使之表決權不得超過全體股東表決權五分之一。
重慶輪渡	股東每一股有一議決權，但一股東而有十一股以上者從十一股起，每二股有一議決權，三十股以上之股東概以二十權爲限。
集成企業	股東會之決議及選舉以每一股爲一表決權，但一股東而有十一股以上者，自十一股起每五股爲一表決權；一百股以上者，自一百零一股起每十股爲一表決權；五百股以上者，自五百零一股起每五十股爲表決權；

	一千股以上者，自一千零一股起每一百股爲一表決權。
天原化工	股東會表決權及選舉權每一股爲一權，自十一股起以兩股爲一權。
川康興業	股東之投票權每十股一權，百股以上每二十股一權，股東投票每人一票其應得權數記名於一票之內，但代理之票權亦得分別記明。股東遇有會議與本身利害關涉事項時，不得加入表決，並不得代理行使議決權。
華福捲煙廠	本行公司股東每一股有一表決權，一股東而有十一股以上者，在十一股以上之股數，以九折計算，折除不滿一股者不計。
義大煤礦	各股東每股有一表決權，一股東而有十一股以上者，自十一股至一百股每五股有一表決權，自一百零一股起每十股有一表決權，不及一權者不計。
中國工礦建設章程設立	股東之表決權定爲每股一權，但一股東之股份在十股以上者，自第十一股起每二股一權；在五十股以上者，自第五十一股起每五股一權；在一百股以上者，自一百零一股起每十股一權，不滿一權之股份不計。
中國工礦建設修改	股東之表決權定爲每股一權，但一股東之股份在十股以上者，自第十一股起每二股一權；在五十股以上者自第五十一股起每五股一權；在一百股以上者，自一百零一股起每十股一權，不滿一權之股份不計。
寶元通實業	股東之表決權以每一股爲一表決權但一股東而有十股以上者自十一股起每二股有一表決權其不足一權者不計每一股東之表決權及代他股東行使之表決權合計不得超過全體股東表決權五分之一。
中國紡織企業	股東之表決權決定爲每一股一權一股東而有十一股以上者其十一股以上之股份每二股遞增一權其一百零一股以上之股份每五股遞增一權不足一權零數不計。
大川商業銀行	每股有一表決權，一股東而有十股以上者其超過之數每兩股加一權，零數不計，但每股東之表決權及其代理他股東之表決權合計不得超過全體股東表決權五分之一。
天府煤礦	各股東每股有一表決權一股東而有十一股以上者每十股減其一權。
民生實業	本公司股東每一股東有一表決權，但一股東而有十一股以上者，從十一股起，每二股有一表決權，一百五十股以上之股東，概以八十權爲限。
民生實業	每一股有一表決權。但一股東而有十一股以蛤者，從十一股起，每二股有一表決權。一百五十股以蛤之股東，概以八十權爲限。
聚興誠銀行	本銀行各股東每一股有一表決權一股東面有十一股以上者除十股有十權外自十一股起每二股有一表決權。
聚興誠銀行	本銀行各股東每一股有一表決權一股東而有十一股以上者除十股有十權外自十一股起每二股有一表決權奇零數不計。
北川民業鐵路	本公司股東會議每一股有一一議決權，如請託代表出席，其代表人以股東爲限，需具備請託書，交公司存查。
和源實業	股東每一股有一表決權但在十一股以上者其十一股以上之股份以兩股

	爲一權。
寶豐實業	本公司各股東每一股有一表決權，一股東而有十一股以上者自十一股起，以九折計算，奇零數不計。
寶豐實業修改後	本公司股東每一股有一表決權（限製辦法一概刪除）。

從上表看，公司章程對表決權的限制有以下幾種情況：

針對一股東有 11 股以上者，有規定十股算九權的，比較溫和；另外也有規定兩股、五股、十股、二十股、五十股、一百股爲一權的（統計表見附錄）。

不少公司的章程採用了累進限制的做法，例如集成企業章程規定：

「股東會之決議及選舉以每一股爲一表決權，但一股東而有十一股以上者，自十一股起每五股爲一表決權；一百股以上者，自一百零一股起每十股爲一表決權；五百股以上者，自五百零一股起每五十股爲表決權；一千股以上者，自一千零一股起每一百股爲一表決權。」

這表明公司在實踐中對法律的規定進行了細化，增強了可操作性。在公司制度的各個方面，類似的例子很多。

在總額限制上，有些公司章程的規定比 1929 年《公司法》規定的「五分之一」上限更嚴厲，例如，民生實業章程規定一百五十股以上之股東，概以八十權爲限；重慶輪渡章程規定，30 股以上之股東，概以二十權爲限。

即使到了 1946 年《公司法》頒佈後，民生實業、聚興誠銀行、川康平民商業銀行修改的章程，仍規定繼續限製表決權；尤其是四川絲業 1947 年版本的章程，但仍堅持規定表決權總額「五分之一」的上限。可見，1929 年《公司法》關於表決權限制的規定在陪都時期是有較深厚社會基礎的。

當然，也有公司 1946 年《公司法》頒佈後修改章程時刪去了原來的表決權限制條款，如寶豐實業。

在限制起點上，雖然法律規定爲「一股東而有十一股以上」，但也有個別公司有所提高，如瀘昌紡織、江北（江合）煤礦章程僅規定針對有 51 股以上者限製表決權，比較特殊。

還有個別公司的章程雖然是 1929 年《公司法》實施後、1946 年《公司法》實施前制定的，而且也不屬特種股份有限公司，但未規定表決權限制條款，如三才生煤礦。

根據《特種股份有限公司條例》，特種股份有限公司不適用 1929 年《公

司法》關於表決權限制的規定。

有觀點認為，由於存在前述利用堂名、字號隱名持股的情況，表決權限制條款的作用並沒有很好地發揮。這是不符合事實的，其理由有三：

（1）這一規定有較深厚的社會基礎。如前所述，從上述公司章程看，大都執行了這一規定，有些公司的規定比法律的規定更嚴厲；甚者在 1946 年《公司法》取消強制規定後，仍有不少公司堅持這一規定。其原因一方面是孫中山先生「節制資本」理念在法律和實踐中得到貫徹；另一方面是當時公司為了招股的需要，不得不通過這一規定保護小股東的表決權，讓小股東放心入股。

（2）僅僅通過隱名持股，無法完全規避法定的嚴厲的表決權限制。如前舉例，股份數與權數的區別往往達到一倍之多，如果要完全規避，持有一百股的人豈不是要立十個戶頭？持有一千股的股東呢？另外，委託持股既麻煩他人，又有風險，有些股東必然謹慎。例如，天原化工的股東名簿顯示，其個人股東的戶名和代表人都是本人。

（3）從學者觀點和立法看：當時學者評論道，「如此束縛，意在保護小股東，卻未及顧及表決權之散漫，而缺乏重心，影響業務，及股東爭奪權利，不惜以上述股份為孤注，任意破壞」〔註5〕。正是考慮到大股東表決權被限制的太厲害，1946 年《公司法》才取消了限製表決權的強制規定，而代之以任意性規定。

3. 利益分配權

主要包括固定回報（股息）和分配盈餘（紅利）兩個方面。

（1）股　息

股息，也稱官利、官息，是近代股份有限公司分配製度中很有特色的一項制度，又分開業前和開業後兩種。

開業前的股息，又稱建設利息〔註6〕，如果公司設立登記後需要二年以上才能開始營業，可以在章程中定明在開業前即可分派股息，《公司條例》規定的上限是每年六釐，1929 年《公司法》規定的上限是每年五釐，1946年《公司法》則沒有規定上限。此時公司還在籌備生產階段，沒有盈利，故

〔註5〕　作者：「新公司之特徵及其要義」，夏維忠編：《新公司法要義》，上海：中國法學社 1946 年版，第 16 頁。

〔註6〕　王效文：《中國公司法論》，第 194 頁。

實際上是「將本作息」，用股本發放股息。其理論依據當時學者多有論述，姚成瀚指出這首先是基於中國商人投資的傳統習慣，公司為招股需要而不得不迎合〔註7〕。

開業後的股息，則不能從股本中支出。1929 年《公司法》第一百七十一條規定，「公司非彌補損失及依前條規定提出公積金後，不得分派股息及紅利。公司無盈餘時，不得分派股息及紅利。」第一百七十二條規定，「違反前條規定分派股息及紅利時，公司之債權人得請求退還。」1946 年《公司法》也作了類似的規定，《公司條例》及此後兩部公司法均規定按照實繳股本分配股息。

從陪都時期公司章程看，大部分都規定了固定股息條款，具體統計如下表：

章程股息及紅利分配條款統計表

公司簡稱	内　　　容
火柴原料	股息八釐，如無盈利不得已股本支付股息；（係公司法規定）；
建川煤礦	每屆總決算所有純益先提十分之一為普通公積金，再按周息七釐攤派股息
華安礦業	每年盈餘除提公積金百分之十及應繳稅額外先提股利周息六釐
灘昌紡織	常年股息一分，
三才生煤礦	每年純益應先題百分之十為公積金，再提股息八釐，
江北／江合煤礦	股息定位週年壹分五，由股東會議決定期發給，如有紅息照此辦理，並登報公告之 凡所繳股銀均於繳股之日起息
四川水泥	本公司股息週年六釐在有盈餘之年終提公積金後支付之
川康平民商業銀行	每屆決算所得盈餘先提十分之二位法定公積金及應繳稅款再提股息六釐
四川絲業	第七條　本公司股份通常紅利定為週年八釐
重慶輪渡	每年決算結有盈餘，首提百分之十為公積金，次提周息壹分為股息
集成企業	本公司股息定為週年三分在有盈餘之年提出公積金後支付之
天原化工	股息定為週年八釐但無盈餘時不得提本作息
川康興業	股息定為六釐每屆支付股息先商股後官股，公司無盈餘時不得已股本支

〔註 7〕　姚成瀚：《公司條例釋義》，第 192～193 頁。

	付股息
華福捲煙廠	本公司甲種股份通常紅利爲周息二分,乙種股份通常紅利爲周息一分,均於有盈餘之年分派之
義大煤礦	本公司股息定爲年息六釐
中國工礦建設設立版	本公司股息定爲年息一分惟公司無盈餘時不得以本作息
中國工礦建設修改版	本公司股息定爲八釐惟公司無盈餘時不得以本作息
富源水力發電	本公司股息定爲年息八釐,但公司無盈餘時,不得以本作息
寶元通實業	按年息八釐給付股息 股東紅利如超過年利三分其超過之數概移作職工福利金
中國紡織企業	每年總決算如有盈餘時先提十分之一爲公積金,次提直接稅及各項準備,次提優先股紅利以達於實收股額百分之十爲限再次提普通股通常紅利以達於實收股額百分之十爲限如尙有盈餘應就餘額中提特別公積金百分之十其餘作一百分分配如下 普通股東額外紅利百分之五十五
大川商業銀行	股息定爲週年一分無盈餘時不得以股本支付股息
天府煤礦	每年度決算有盈餘時應依法先提公積金十分之一再提周息一分爲股息其餘乃爲紅利由股東會議決分配之
民生實業33	每年決算結有盈餘,先提公積百分之十,次提一分股息……
華盛企業	本公司每屆年終決算如有盈餘先依法提取法定公積金各項準備金應納所得稅利得稅及特別公積金後再付股東通常紅利(周走?)息一分二釐
聚興誠銀行	本銀行股息定爲年息六釐在有盈餘之年終提公積金後支付之。
北川民業鐵路	本公司股息週年一分。自繳股之日起算,其發息日期由股東會決議之
和源實業	第十二條 本公司股息定爲週年八釐但公司無盈餘時不得支付股息
寶豐實業	本公司股息週年六釐,在有盈餘之年,於提公積金及所得稅後支付之

　　從上表看,有股息記載的 25 家公司章程中,規定股息週年(即每年)8 釐、6 釐、一分的各七家,規定一分二、一分五、三分的各一家。另,華福捲煙廠實行優先股制度,規定優先股(甲種股)二分,普通股(乙種股)一分。中國工況建設設立時制定的章程規定股息爲一分,1946 年後修改的章

程改爲 8 釐。由於 1929 年《公司法》規定開業前股息上限爲 5 釐，可以推斷這些章程所說的股息都不是指開業前的建設利息（1946 年後制定的章程則不好判斷），而是指開業後的股息，只能從盈餘中分配。大部分公司章程都明確規定有盈餘先提公積金才能分配股息，或規定「公司無盈餘時，不得以本作息」。

（2）紅 利

公司法關於紅利分配的規定已在上文「股息」一節引用。陪都時期公司章程都對股東紅利分配做了明確規定，通常是在「會計」一章統一規定紅利、董監報酬等各項盈餘分配辦法，股東紅利大致在盈餘額的 35%～65%之間。具體如下表：

章程中利益分配辦法條款統計表

公司簡稱	內　　　容
火柴原料	如有純益，先提 10%爲公積金，再提股息八釐，其餘用百分法分配如：股東紅利 40%；事業準備金 20%；董監酬勞 5%；職工酬勞 25%；職工福利準備 10% 又手寫批註：事業準備金 50%，其餘作爲股東紅利董監酬勞等（草案），體現了留存資金發展事業的思路
建川煤礦	每屆總決算所有純益先提十分之一爲普通公積金，再按周息七釐攤派股息，以實繳股款爲限，餘由股東會決議酌提特別公積金，以不超過百分之四十爲度，其餘按十成分配，以六成爲股東紅利，一成爲董監報酬，三成爲職員及長期工友酬勞，其分配辦法由董事會核議後提請股東會議決。
華安礦業	第二十七條本公司每年盈餘除提公積金百分之十及應繳稅額外先提股利周息六釐並依法提特別準備其餘作爲一百分分配如左。 股東紅利百分之五十五。 董事監察人酬勞金百分之十。 職員酬勞金百分之二十。 職員特別是酬勞金百分之五。 職工福利金百分之二。 發起人特別利益百分之五。 教育文化節補助金百分之三
濰昌紡織	本公司於決算後，除各項開支折舊及準備外，如有盈餘先提 10%爲公積金，次付常年股息一分，再有盈餘按 15 成分派：股東 10，董監 1，

	經理1，職員3成
三才生煤礦	每年純益應先題百分之十為公積金，再提股息八釐，遇必要時經董事會之決議並得酌提特別公積金，其餘作為一百份分配如下： 舊三才生煤礦廠商譽酬勞百分之十；股東紅利百分之五十；董監酬勞百分之十；職工酬勞百分之二十；員工保險儲蓄福利等準備金百分之十
江北／江合煤礦	第三十六條　本公司決算後所得純益金除官息外其餘按照百分比例分配如下 （一）公積金百分之十 （二）職工紅酬百分之二十 （三）董監紅酬百分之五 （四）職工福利及公益百分之五 （五）股東紅息百分之六十
四川水泥	每屆決算所得純益，先提十分之一為公積金，次提股息六百，其餘作為一百分。 股東紅利百分之六十。 董事監察人酬勞百分之五 工人仟險撫恤及酬勞金百分之十五 自經股東會議決，吳表實業部核准之日實行 總經理及其他各職員酬勞金百分之二十
川康平民商業銀行	每屆決算所得盈餘先提十分之二位法定公積金及應繳稅款再提股息六釐如尚有盈餘按左列各項由董事會議決分配方案提交股東會通過 股東紅利百分之六十五 董監酬勞百分之八 職工獎金百分之二十二 職工恤養優遇金百分之三 社會福利事業扶助金百分之二
四川絲業	第三十一條　本公司每屆決算所得純蓋選提十分之一為公積金次提股份通常紅利八百基餘作一百分分配如下 一、股東紅利百分之五十 二、董事監察人酬勞金百分之三 三、發起人酬勞金百分之五 四、職員酬勞金百分之三十 五、長期工人酬勞金百分之十 六、補助公益事業準備金百分之二
重慶輪渡	每年決算結有盈餘，首提百分之十為公積金，次提周息壹分為股息，其餘作為百分分配如左： 特別公積金提百分之拾伍；職工紅酬提百分之貳拾；股東紅息提百分之陸拾；補助各項事業基金提百分之五

集成企業	本公司每屆結算所得純益，除提百分之十為法定公積次納所得稅又次提股息外，其餘分為一百分支配如下 股東　紅利百分之六十五 董事監察人酬勞金百分之十 職工酬勞百分之十先行酌提若干　為職工優遇金再行分配 公益金研究費文化事業費共百分之五
天原化工	每年年終決算除去一切開支及折舊外如有盈餘先提十分之一為法定公積金，發股息常年八釐，餘為純益金，純益金分為十八成，本公司股東得十成董事及監察人得二成總經理得一成協理及公司其他職員得三成，其餘為臨時準備金
川康興業	盈餘中提出公積金及付給股利後尚有盈餘應以餘額百分之二十為董事監察人及公司員工之酬勞金，百分之二十位公司員工之福利金，百分之十為人才培養及經濟研究之補助金，百分之五十為特別公積金及股本紅利，由董事會提交股東會議定之
華福捲煙廠	第三十四條　本公司每年年終決算除去一切開支折舊外如有盈餘應先依法提存法定公積各項準備應納稅捐次提特別公積十分之一再次付通常紅利其餘作為百分比分配之 一、股東特別紅利百分之六十，上項特別紅利分為七份，其中甲種股份得七分之二，乙種股份得七分之五均照各該股份比例分配之 二、董事監察人酬勞金百分之五 三、董事長及常務董事特別酬勞金百分之二 四、總經理協理酬勞金百分之十 五、職員酬勞金百分之十五 六、職員特別獎金百分之三 七、職員福利金百分之五
義大煤礦	本公司每屆決算所得純益除提十分之一為公積金次提○○○（此處檔案字跡模糊）之款項提股息外其餘作百分比分配如下： 特別公積金百分之十 股東紅利百分之五十 董事監察人酬勞百分之十 總協理總工程師及職員紅籌百分之二十 救濟恤養及特種事業準備金百分之十
福民實業	本公司每屆決算所得純益先提十分之一為公積金次提稅款再提股份通常紅利以達實繳股款之十分之一為限度其餘做一百份分配如下 董監酬勞金百分之五 職員酬金百分之三十 股份額外紅息百分之六十 職工福
中國工礦建	本公司每屆營業年度終結　有盈餘時應先提十分之二為公積金次提法

設章程設立	定稅款再提股息其餘作為百分分配如下： 一、股東紅利　50% 二、董事及監察人酬勞金　10% 三、員工紅利酬勞及獎勵金　25% 四、研究基金　7% 五、員工福利及社會事業輔助金　8%
中國工礦建設修改	本公司每屆營業年度終結　有盈餘時應先提十分之二為公積金次提法定稅款再提股息其餘作為百分分配如下： 股東紅利 50% 二、發起人股紅利 5% 三、董事及監察人酬勞金 5% 四、職工紅利酬勞及獎勵金 25% 五、職工福利金 10% 六、工礦事業研究基金 5%
富源水力發電	本公司每屆決算，如有盈餘，應先提法定公積金，然後依法繳納所得稅並付八釐股息，如再有餘額，應由經理擬足分配案送請董事會核定，提請股東會通過份配之
寶元通實業	於每年十二月底結算一次如有盈餘先提十分之一為公積金並交納各項公課及按年息八釐給付股息外其餘依百分率分配如左 特別公積百分之五 股東紅利百分之三十五 職工酬勞百分之三十五 職工福利金百分之五 輔助社會事業費百分之二十
中國紡織企業	每年總決算如有盈餘時先提十分之一為公積金，次提直接稅及各項準備，次提優先股紅利以達於實收股額百分之十為限再次提普通股通常紅利以達於實收股額百分之十為限如向有盈餘應就餘額中提特別公積金百分之十其餘作一百分分配如下 普通股東額外紅利百分之五十五 董事監察人酬勞金百分之十 職員酬勞金百分之二十五 職工福利金百分之十
大川商業銀行	每年總決算所獲純益先提十分之一為法定公積金，次提應繳之稅款，再提股息年率一分，如再有盈餘按百分法分配如下： 股東紅利百分之七十 董監酬勞金百分之五 職員獎勵金百分之二十 員工福利金百分之五

天府煤礦	每年度決算有盈餘時應依法先提公積金十分之一再提周息一分爲股息其餘乃爲紅利由股東會議決分配之
民生實業33	一、每年決算結有盈餘，先提公積百分之十，次提一分股息，其餘作一百分分配如左： 特別公積提百分之十五 股東紅息提百分之五十 職工紅酬提百分之三十 文化補助金提百分之五 發起人酬勞金先從股東紅息中提百分之五
華盛企業	本公司每屆年終決算如有盈餘先依法提取法定公積金各項準備金應納所得稅利得稅及特別公積金後再付股東通常紅利（**周走？**）息一分爲二釐其餘作爲百分比分配如左： （一）股東特別紅利百分之六十 （二）董事監察人酬勞金白分之五 （三）董事長及常務董事特別酬勞金百分之二 （四）總經理協理酬勞金百分之十 （五）職員酬勞金百分之十五 （六）職員特別獎金百分之三 （七）職工福利金百分之五
聚興誠銀行	本銀行每屆決算所得盈餘先提十分之一爲公積金其餘作爲一百分分配如下 一、股東紅利　百分之六十 二、董事監察人酬勞　百分之六 三、經理及各職員酬勞金　百分之三十四
聚興誠銀行47年修	本銀行每屆決算既得盈餘先提十分之一爲公積金再次提股息其餘作爲分配如下一、股東紅利　百分之六十，二、董事監察人酬勞　百分之六，三、員工酬勞　百分之三十，四、員工福利金　百分之四
北川民業鐵路	本公司到結算時除提存摺書及各項開支，如有盈餘，先提十分之一爲公積金，並股息一分外再以其餘劃作百分，其分配方法如左： （一）優先股酬勞金百分之七（以民國二十年四月二十日以前所繳足之股爲優先股） （二）工役保險費百分之三 （三）董事監察及職工酬勞金百分之十，其分配法由董監及經理聯席會決議之 （四）股東按股均分百分之八十
和源實業	本公司每屆決算所得純益除先提公積金十分之一提應納稅款及股息外其餘按百分率比例分配如下 （一）股東紅利百分之六十

	（二）發起人特別利益百分之五應受利益之發起人姓名即本章程所載之全體發起人。 （三）董監酬勞爲百分之五 （四）辦事人酬勞百分之二十五 （五）職工優遇金百分之三 （六）社會事業補助金百分之二
寶豐實業	第二十五條　本公司每屆決算所得純益除提十分之一爲公積金，次提應繳稅款，再提股息六釐外，其餘作爲一百分之分配如下： 一股東紅利之百分之六十 二發起人特別利益百分之三應受利益之發起人姓名即本章程所載之全體發起人 三董事監察人之報酬百分之七 四總協經副襄理及職工酬勞百分之二十五 五職工待遇金百分之三 六社會事業輔助金百分之二

從上表看，一般來說，公司年度決算如有盈餘，應先提普通公積金 10%，然後分配固定股息，然後將餘額分爲十成、十五成或十八成分配。但是，在分配紅利之前，也有規定在普通公積金之外可由董事會決議另提取特別公積金（準備金）的，如三才生煤礦。華福捲煙廠章程則直接規定另提特別公積金 10%再分配紅利。這就導致不同公司計算紅利比例的盈餘額基數有所區別，因此不能簡單看章程規定的紅利占盈餘比例高低，而應結合章程條文具體分析。

上表條款除了關於紅利的規定，還涉及董事、監察人、經理人的報酬問題，對這些內容將在後文董監經理的激勵機制部分進行分析。

（二）股東的義務

股東的義務主要是繳納股款。

另外，關於股東對於關聯交易的規避義務，《公司條例》、1929 年《公司法》、1946 年《公司法》都規定股東對於股東會議之事項有利害關係不得參與表決，亦不得代理他股東行使其表決權。1946 年《公司法》新增了一個條件爲「致有害於公司利益之虞時」，使得這一限制有所弱化。

鑒於法有明文，陪都時期的公司章程一般沒有涉及此點，僅川康興業章程規定，「股東遇有會議與本身利害關涉事項時，不得加入表決，並不得代理行使議決權。」

三、陪都時期公司的股東數量及小股東利益保護

股份有限公司的宗旨在於集合資本、分擔風險，故股東人數應達到一定規模爲好；同時，這也是建立制衡機制、完善公司法人治理結構的需要。姚成瀚在解釋「股份有限公司應有七人以上爲發起人」的原因時指出，「蓋人數較少，易滋流弊」，並認爲在發起設立的情況下，發起人人數即等於股東人數，如果發起人太少，則「董事監察人之選舉，恐有不敷分配之虞」〔註8〕。

有觀點認爲，近代公司股權相對集中，影響了其法人治理結構功能的發揮，特別是導致大股東侵害小股東利益的情況較嚴重。筆者通過對陪都時期公司檔案的考察，認爲這種觀點值得商榷。以下從陪都時期公司股東數量情況和小股東利益保護機制兩方面說明。

（一）陪都時期公司的股東數量情況

陪都時期公司檔案中可以確定股東戶數的二十餘家公司看，絕大部分都在 50 戶以上，股東數百戶乃至上千戶的公司也不少見，例如民生實業在民國三十四年六月份的股東人數爲 1329 人。還有一個特點是公司股東人數呈現增長趨勢，如強華實業在民國三十一年六月創立時，僅有 12 名股東，到民國三十五年三月已有 73 名股東；又如川康平民商業銀行民國二十六年十月股東有 317 戶，到民國共三十三年二月已有 684 戶。具體情況如下表：

陪都時期重慶股份有限公司股東數量抽樣統計表

公司名稱	資料	時間	股東戶數	備註（是否到會人數）
華安礦業	股東臨時會議錄	311210	78	
華安礦業	股東常會議事錄	330526	134	
強華實業	創立會決議錄	310624	12	
強華實業	股東會	35.3.20	73	
復興隆煤礦	本公司股本額及負責人	35	59	
三才生煤礦	創立會		11	
四川水泥	第一次股東常會	27.3.24	61	
四川水泥	第三屆股東常會	29.3.20	66	
川康平民商業銀行		26.10.12	317	

〔註8〕　姚成瀚：《公司條例釋義》，第 103 頁。

川康平民商業銀行	第十五屆股東常會記錄	330212	684	
重慶輪渡	第二屆股東會會議記錄		83	
集成企業	第五屆股東會會議錄	34.4.29	114	
義大煤礦	股東股額清冊	37.5	97	
中國工礦建設	臨時股東會決議錄	35.4.5	160	
寶元通實業	文件		399	職工股占百分之八十以上
民生實業	第十五屆常年股東大會決議錄	29.4.2	682	到會人數
聚興誠銀行	第二次股東常會議事錄	27.3.28	199	到會人數
民生實業	第二十屆常年股東大會	34.6.12	1329	
寶豐實業	股東會（即發起人會）會議記錄	29.5.17	52	
中國火柴原料廠			共有50萬股，股東較多	股東名簿複印不全，較多
重慶自來水	候選董事之股東名單：注明：左列股東其股份均有二十股以上照章有當選爲董事或監察人之資格，這只是其中的一頁，股東姓名數量就打60名以上，實際股東數量應當遠超此數			

　　有觀點認爲，近代證券市場不發達導致當時股份有限公司的社會公眾性較低，限制了公司制度作用的發揮〔註9〕。對此，筆者有不同看法。社會公眾性高低，股東數量要達到多少才算集中，都是相對的概念。如果我們把當時的股份公司的社會公眾性和當代中國股份公司的社會公眾性作一個對比，結論就比較清楚。當代中國證券市場，只是極少數公司的舞臺。對於絕大多數公司而言，證券市場是否發達關係並不大。這個道理，民國和當代是一樣的。從這個角度看，很難說證券市場不發達對公司的發展及其法人治理結構的運行有關鍵性的影響。陪都時期設立股份有限公司時公開募集股份無須特別審批。我們對陪都時期重慶股份有限公司股權結構分散性進行了統計和分析，結論是陪都時期股份有限公司公開募股比較活躍，絕大多數都有數十個乃至數百個股東（當時法律規定發起人不少於七人），基本沒有發現有公司股東在二十人以下的情況（國家控股的「特種股份有限公司」除外，後文詳述）。這

〔註9〕　姬沈育：「從中國近代公司制度的失敗看現代企業制度的建立」，《經濟經緯》，1998年第6期（總第67期），第69～70頁。

說明當時的股份有限公司的聚集資本、分散風險的本質屬性得到了較好的體現。我國當代公司法將股份有限公司發起人限定為二人以上二百人以下，但公開募股又要證監會審批，而由於審批過於嚴格和不規範，實際公開募股的很少。其結果是出現了大量 2～3 個股東的所謂股份有限公司，這樣的公司無非是熟人乃至家庭成員的結合，其法人治理結構難以搭建。商人們通常不清楚股份有限公司比有限責任公司有何優勢，其目的往往只是為了「聽起來比較有實力」或者一個飄渺遙遠的上市目標而已。

從建立公司法人治理結構的需要看，股東數量達到 15～20 家以上應該算比較分散了，可以較好地建立法人治理結構，實現各不同機構之間分權與制衡的目的。總的來看，陪都時期股份有限公司比現時我國大量非上市股份有限公司的股權結構更加分散。從這個意義上講，陪都時期股份有限公司的股權結構是足以支持建立比較完整的法人治理結構的。

另外，陪都時期公司法對募集股份的規定比較詳盡，股份有限公司募集股份的活動也比較活躍，委託銀行代收股款的也較多，表明公開募集股份的制度和實踐都已經比較成熟。例如，交通銀行重慶分行於民國三十二年四月十二日致函中國火柴原料廠稱：

> 「……截止四月十一日止代收股款已入尊戶賬……已按要求通知成都、西安、昆明、貴陽、桂林、衡陽、韶關等行即日停收股款，並將未用完之股款收據寄還。」

可見，該廠募集股份的地域相當廣泛。此外，天原化工民國三十年四月二十五日的董事會議記錄，也記載了該公司委託金城銀行代收股款的情況。

（二）小股東利益的保護機制

評價公司的小股東利益保護機制是否有效，要看有關的制度設計及實踐是否有效，更要明確該「有效」程度的較合理的標準。分述如下：

1. 陪都時期公司小股東的權利及其實踐情況

上文已經對股東的查帳及監督權、表決權、利益分配權等進行了介紹，應當說這些制度是比較完備的。當代公司法的有關規定也無非是有細節上的補充。

如本文導論部分及上述股東數量分析所述，陪都時期股份有限公司股權結構相對比較分散，社會公眾性並不低；又如上文所述，1929 年《公司法》嚴屬的表決權限制規定及其在實踐中的廣泛推行，使得小股東的發言權明顯

增加，小股東權利得到更好的維護。

筆者認爲，陪都時期公司法對小股東利益保護的制度安排，特別是表決權限制規定，是比較直接、有效的。

有觀點認爲，近代《公司法》雖然規定了中小股東有查帳權，但如公司拒絕股東查閱，沒有相應的救濟規定，進而認爲其立法技術不成熟〔註 10〕。筆者對此有不同看法。實際上，我國 1993 年《公司法》也沒有類似的救濟規定，到 2005 年《公司法》才規定股東可以通過訴訟來實現查帳目的。2005 年《公司法》實施至今，尚未有通過訴訟實現查帳權的訴訟案例公佈於世，可見這一規定其實意義不大。更重要的是，1929 年《公司法》「罰則」部分規定董事不依法置備財務業務資料供股東查閱的，課以五百元以下罰金；1946 年《公司法》對此則規定「公司負責人違反……規定不備置章程簿冊等或所備章程簿冊有不實之記載時或違反前項規定無正常理由而拒絕查閱者得各科一千元以下之罰金。」這樣的救濟方式比當代公司法的規定還要實在一些。

從實踐情況看，陪都時期公司檔案中也有一些小股東行使權利的案例，茲舉兩個典型案例：

一是實行全面小股東制的寶元通實業檔案中的小股東抗議案例，寶元通實業檔案中名爲「勞資一體的組成」的文件記載：

> 「寶元通……對股東實施節制資本的辦法……到三十五年改組公司時，爲每一股東之股額不得超過法幣五十萬元……股本總額是六千萬元，即是說**每一股東之股額，最多不至於達到股本總額的百分之一**。而事實上無一股東達到五十萬限額的……然而我們的創辦人，卻是從數人共有的財產，變爲三四百人共有的財產……這便是他們爲了完成勞資合一的理想而實行小股東制所得的代價……理想固亦完成了部分，但問題可也就發生在這裡。因爲職工可以離職，而股東身份卻依然存在。歷年人事變更，已有不少離職的股東了。這其中自然有不少的雖已離開團體，而仍聲氣相通，希望母號事業發揚光大，但有極少數的離職股東仍舊節其股東身份，蓄意爲難……本年三月二十七日召開股東常會時，即有少數離職股東藉口公司未印發財產目錄（按公司法並無此規定）而滋鬧會場……」

〔註 10〕 高新偉、高丹：「略論近代公司少數股東的自我保護機制」，《歷史研究》，2006 年第 4 期，第 38～40 頁。

二是股權非常集中的聚興誠銀行的小股東維權案例

聚興誠銀行由楊氏兄弟持有超過 70%的股份，楊粲三任董事長，楊曉波任常務董事，可謂大權在握。但該公司小股東行使利益分配權和監督權的行為非常激烈，茲介紹如下：

（1）民國三十四年前後，小股東因反對公司不分配盈餘和調整重要職員，而抗議，先後致函該銀行董事會、監察人如下：

快郵代電：（致董事會）

急重慶聚興誠銀行董事會董監諸公均鑒，竊八年艱苦抗戰已經光榮勝利，忽自渝傳來我最高執行者意欲隱持盈餘不予清算分配，並令公忠賢勞之黃協理、梅經理、范總稽核三公休息，……貴會請予……立即清算資產，分配賬內外全部盈餘，俾杜巧取侵蝕，以保全體股東及職工之權益並考慮黃梅范三公之進退等主張深致擁護

築行同仁林自誠等

逕啟者，日前散處同仁曾縷述下忱致函貴會建議合法分配帳內外盈餘…惟時過境遷，貴會尚無明確之囑示，……

本行帳外之盈餘，應於最近照永聚公司勞資各半分配前例，作合法之分配，不提特酬以定人心而安事業，如黃金美債等一時不易拋售，或認為目前市價無劃，可按數量之多寡而作合理之定量分配，至於帳內亦應徹底分配，雖會計年度尚未終了，應於目前提出相當保證亦屬可行，又合後離行同事凡無舞弊情事者均應享受此權益，以示一體同仁之義。

組織人事委員會以耿直而孚眾望之黃協理梅經理范總稽核等三位先進同事為委員，在帳內外盈餘勞資權益未徹底證實或分配以前，對於任何同仁之調遣應徵求本人之同意，不得隨便挑剔以保障勞工之職位，其組織章程應准由同仁提供意見以作參考。

提高待遇調整津貼最低限度應與相等同業如川鹽川康上海省行待遇不分軒輊，並希從十月份起調整，以便同仁等仰足以事父母俯足以畜妻子而樂於安心就業也。

上陳諸端為同仁合理之要求亦為最後之願望，務祈貴會見義勇為代民請命並希於本底前獲得具體解決，如猶延緩遲誤，則同仁等俱具

有犧牲精神毅然付諸行動矣，何去何從尚請董監諸公擇之

內處同仁謹啓

遞啓者，同人等前曾致函貴會對於各項事件提出具體辦法靜候答覆，乃事隔二周之久，貴會迄無表示……茲再陳述要點分函奉達………………（注：所提要求與上函大致相同）

上述四點概爲同仁等最後之願望亦爲最合情理之要求，詳情經歷次函陳……望我賢明當局高瞻遠矚愼重考慮，並請於本月二十八日以前具體賜覆倘有推延不理或答覆不能圓滿，同仁等決採取最堅定辦法，按原定計劃施行，時勢所迫不容猶豫尚祈我董監諸公注意及之

此致 李董事鈞鑒

南充辦事處全體同仁

三十四年九月二十四日　公啓

以上三函署名不同，但主張一貫，應爲同一批小股東所爲，言辭非常激烈。

（2）小股東要求驅逐董事長

民國三十四年（係筆者根據檔案前後內容推測，此資料中有日期而無年份）十月二日，部分小股東以「聚興城銀行維持會」名義致函各董事、監察人：

龔董事農瞻並轉……各董監鈞鑒　本行董事長楊燦三營私舞弊破壞法紀案，上次董監聯席會議中荷蒙提出討，論具見諸公愛護事業始終如一不避嫌怨不受利誘，本會同仁無任欽感，乃散會後燦三並無悔過……除設法陷害外同時密佈暗探偵緝本會同仁，……本會爲求肅清敗類振刷綱紀計，惟有主張進行第二步辦法，已將燦三種種惡行制定傳單千張，本擬即刻散發，嗣念逃避國稅一點不僅關係整個事業之安危，設使燦三推卸責任諸公職務所在定義因過去之瞻徇而受重大累害，殊非本會同仁所願爲也，持此先函奉達請於函到三日內實行驅逐燦三出行，同時召集股東會改選董監非此不足以挽人心而使本行事業趨於安定也。專此並頌　公綏」

此函不但言辭激烈，有人身攻擊，且制定「傳單千張」，並暗示威脅不排除舉報公司逃稅。

此後，該「維持會」還向該銀行董監具體舉報了董事長楊粲三侵佔公款

等諸多具體違法行爲，該銀行監察人也因此提議召集董監聯席會議查明眞相（此節將在後文監察人部分介紹）

上述資料表明，小股東平時雖然「搭便車」，但遇到關鍵時刻，還是會勇於維權的。

2. 小股東維權的合理程度

有觀點認爲，由少數股東直接參與公司監督、治理，並非公司治理的有效途徑〔註 11〕。這一提法是有道理的。小股東並不是越多越好，上述寶元通實業的例子就是明證。從效率角度看，公司的經營決策和管理，還是應該由大股東占主導地位，而這實際上也不違反公平原則。

最後，本文在小股東權利保護問題上的結論是，從制度安排上看，陪都時期公司對小股東權利的保護是比較完備的，實踐中也不乏小股東積極行使權利的案例。故不宜下結論認爲大股東侵害小股東利益是普遍現象。

第二節　股東會

股東會是公司的權力機關。公司治理權的基礎在股東權，而股東權發揮作用的主要平臺在股東會。本節將就股東會的組織及召開頻率、條件、程序、記錄、表決規則、權利行使等問題進行研究，並重點探討股東會對董事會、監察人、經理人的制約，特別是股東會與董事會的權力邊界等問題。

一、股東會的組織

（一）股東會的召開程序

股東會分兩種，股東常會（實踐中也稱常年股東會）與股東臨時會（實踐中也稱臨時股東會）。陪都時期公司章程對股東常會、臨時會的召開均有規定，具體如下表：

章程中股東常會、臨時會召開條款統計表

公司簡稱	內　　　　　容
建川煤礦	第四條：常會，每年總決算後三個月內 臨時會：董事會或監察人認爲必要時，或由持有股份總數二十分之一以

〔註 11〕　高新偉、高丹：「略論近代公司少數股東的自我保護機制」，《歷史研究》，2006年第 4 期，第 38～40 頁。

	上之股東按照公司發第一百三十三條請求時召集之。但股東請求開會時，將合法數目之股票交存公司方為有效
濰昌紡織	股東常會：每年於決算後 2 個月內由董事會召集舉行一次 臨時會：遇有公司重要事項，經董事會決議，或監察人認為必要時，或有股份總額 20 分之 1 以上股東開列提議事項及其理由請求時，均得由董事會依法召集之
三才生煤礦	決算後三個月
江北／江合煤礦	股東常會定每年國曆三月二十日舉行一次，臨時會由董事會議決或有股份總額二十分之一以上之股東請求時召集之
四川水泥	每營業年度終後二個月內
川康平民商業銀行	股東會分為常會及臨時會兩種，常會於每年決算後三個月內舉行，由董事會召集之後一個月前通知各股東臨時會經董事會或監察人認為必要時得臨時召集如有股份總額二十分之一以上股東以書面提出正當理由請求召集會議時董事會應即以依法召集之。
四川絲業	股東常會於每營業年度終後三個月內由董事會召集之 二 股東臨時會遇必要時依公司法之規定召集之
重慶輪渡	每年於結賬後一月內召集股東會一次，遇有特別緊急事故時得由董事會或監察人召集臨時股東會
集成企業	第四章 本公司股東會常分常會臨時會兩種 股東常會於每營業年度終後三個月內由董事會於一個月前召集之 二、股東臨時會遇必要時依公司法之規定召集之
天原化工	13 股東常會每年一次於每年結賬後三個月為召集期，其召集日期於一個月前公告之 14 凡遇有重大事項，董事會認為必須開股東會議決或監察人或有股份總額二十分之一之股東開具理由書請求會議時亦得召集臨時股東會，其召集日期應於十五日前通知各股東
川康興業	21 股東常會每年開會一次於總決算後三個月內由董事會召集之，必要時經半數以上之董事或全體監察人之提議或有股份總額十分之一以上股東請求得由董事會召集股東臨時會。
華福捲煙廠	第十七條 股東常會每年舉行一次，於每年決算後三個月內舉行之
中國工礦建設設立版	股東常會每年舉行一次，每屆營業年度終了後三個月內由董事會定期召集之。
中國工礦建設修改版	同上
富源水力發電	第十四條 本公司股東會分常會、臨時會兩種。常會於每年決算後三個月內由董事會召集之。臨時會由公司認為有必要時由董事長召集之
中國紡織企業	○○○○○○常會○○○於每年總決算後三個月內由董事會於會期一個月前通告各股東召集之，臨時會於董事或監察人認為必要時或經持有

	股份總數二十分之一以上之股東以書面請求時由董事會於會期十五日前通告各股東召集之
大川商業銀行	臨時會經董事會或監察人認為必要時或有股份總額二十分之一以上之股東以書面提出正當理由請求召集會議時由董事會依法召集之 23 股東常會之召集須於一個月前臨時會須於十五日前通知各股東並登報通告載明召集之原因地點及提議之事項
民生實業33年版	第十二條 結賬後一月內，召開股東會一次，但遇有特別緊急事故或持有股份總數三十分之一以上之股東，書面聲敍理由聲請召集時，由董事會或監察人召集臨時股東會。
民生實業37年版	每年於結賬後一月內，召開股東會一次。但遇有特別緊急事故，或持有股份總數二十分之一以上之股東，書面聲敍理由聲請召集時，由董事會或監察人如今臨時股東會。
華盛企業	第十三條 本公司股東會分為兩種（甲）定期股東常會每年舉行一次於每年決算核算二個月內召集之 （乙）股東臨時會經董事會或監察人認為必要時或有股份總額二十分之一以上股東請求時依法召集之。
聚興誠銀行	第四章 股東會 第十四條 本銀行股東會分常會臨時會兩種 一 股東常會 於每營業年度終後三個月內由董事召集之 二 股東臨時會 遇必要時依公司法之規定召集之
北川民業鐵路	第十七條 本公司股東會每年一次於結算後一月內舉行，如遇特別事項得照公司法召集臨時會 第十八條 本公司召集股東會須於開會前一月登報公告並通知各股東，至臨時會則於半月前公告之
和源實業	遇有重要事項經董事會之議決或監察半數以上之提議或有股份總額二十分之一以上股東之請求得由董事會召集股東臨時會議 第十六條 股東常會之召集應於三十日前臨時會之召集應於十五日前通知各股東並須登報公告。
寶豐實業	一股東常會於每營業年度終了後三個月內，由董事會召集之 二股東臨時會遇必要時以公司法之規定召集之

　　據上表內容，結合當時公司法規定可知，陪都時期公司股東常會、股東臨時會的召開規則大致如下：

　　關於股東常會的召開時間，1929 年、1946 年《公司法》均規定股東會分兩種：股東常會，每年至少召集一次，由董事召集。從陪都時期公司章程看，股東常會時間絕大多數為每年度決算後三個月內，瀘昌紡織、四川水泥規定為兩個月內，重慶輪渡、民生實業、北川民業鐵路規定為一個月內，而江北

（江合）煤礦規定爲每年國曆三月二十日。

關於股東臨時會的召集，1929 年、1946 年《公司法》均規定，股東臨時會，於必要時召集。是否必要，取決於法定的召集主體的判斷。股東臨時會的召集主體主要是董事、監察人，另外達到一定量的少數股東也有權請求董事召集。分述如下：

1. 董事召集

1929 年、1946 年《公司法》均規定，股東會由董事召集。

從公司檔案中看，股東臨時會都是由董事會召集，會議通知的落款均爲董事會。可見，董事召集臨時股東會是常態。

單個董事並不能決定召集董事會。1946 年《公司法》首次規定了董事會的概念。1929 年公司法儘管沒有提出董事會的概念，但其與之前的《公司條例》均已規定董事之執行業務，除章程列有訂明外。以其過半數決之，實際上包含了董事通過董事會議行使職權的含義。因此，召集臨時股東會，需要董事會通過決議才能決定。陪都時期公司章程一般規定董事須經董事會決議召集董事會。川康興業章程規定「經半數以上之董事……請求，得由董事會召集股東臨時會」，比較特殊，但實質上還是通過董事會決議決定召集。

2. 監察人召集

1929 年、1946 年《公司法》均規定，監察人認爲必要時得召集股東會。在有多名監察人的情況下，是否需要開監察人會議決定，兩部公司法都沒有規定。但根據兩部公司法關於監察人得各自行使監察權的規定，單個監察人應可召集股東會。按上述規定，監察人可直接召集股東臨時會。但陪都時期公司章程出現了幾例監察人提議董事會召開股東會的情況，如川康興業章程規定「全體監察人提議」，和源實業章程規定「監察半數以上之提議」，得由董事會召集股東臨時會。

3. 少數股東提請召集，分兩種情況：

一是少數股東提請董事召集：兩部公司法均規定，有股份總數二十分之一以上之股東，可書面請求董事召集股東臨時會；該請求提出後十五日內，董事不爲召集之通知時，股東可呈經主管官署許可自行召集。

二是少數股東通過申請法院派員檢查，然後由法院在必要時命令監察人召集：1929 年《公司法》規定，有股份總數二十分之一以上之股東，得申請法院選派檢查員檢查公司業務及財產情形。法院於檢查員報告後，認爲必要

時，得命監察人召集股東會。1946 年《公司法》的規定大致相同。

關於股東會的通知與公告，1929 年《公司法》規定，召集股東常會，應於一個月前通知各股東。對於持有無記名股票者，應於四十日前公告。召集臨時股東會，應於十五日前通知各股東，對於持有無記名之股票者，應於二十日前公告。通知及公告中應載明召集事由及提議事項。1946 年《公司法》的規定大致相同，其不同之處在於不再要求通知及公告中載明召集事由及提議事項。這一點是非常關鍵的，這意味著召開股東會時，可以討論「臨時動議」。

兩部法對這個問題的不同規定各有利弊。通知和公告載明提議事項，有利於股東判斷是否有必要參加，但缺點是不能討論會議上的臨時提議，未免影響效率；另外，將提議事項公告於報紙，也可能洩露公司機密。1946 年《公司法》刪去這一要求，應當是基於前述考慮。

制定於 1946 年《公司法》施行之前的陪都時期公司章程，大都規定股東會議通知應列明提議事項，川康興業更是明確規定「股東會討論事件以通知書載明之議題爲限，股東如有意見至遲應於開會前十日將意見書經股東十人以上之連署，送由董事會列作議題，提出股東會議決之」。

（二）股東會委託出席制度

鑒於股東人數一般較多，股東會時總有可能出現有些股東無暇到場的情況。特別是小股東，往往認爲不必要費時間跑一趟，但其意見仍希望表達。因此，允許股東委託他人出席就顯得必要。

股東會的委託出席制度，關鍵在於受託代理人是否需具備股東資格。對此，1929 年《公司法》沒有限制，而 1946 年《公司法》則進一步規定「代理人不限於公司之股東。」

既然 1929 年《公司法》並未禁止非股東擔任代理人，爲什麼 1946 年《公司法》還要特別提示代理人不限於股東呢？這主要是針對當時的公司出於傳統習慣以及保密等需要，大多無法接受非股東代理參加股東會。在陪都時期公司 26 家對委託對象有明確規定的章程中，僅有三家沒有限定只能委託股東，包括 1 家三才生煤礦規定依公司法規定。即使是 1946 年《公司法》施行後制定的章程，也有的仍然限定只能委託股東代理出席，如四川絲業於民國三十六年十一月二日制定的章程；而同爲 1946《公司法》施行後制定的川康平民商業銀行章程，則沒有只能委託股東代理出席的規定。

另外，三才生煤礦的章程比較特殊，提到可以委託家屬，但在該公司檔案中的召集股東會通知中，發現仍寫爲可以委託其他股東代理出席。

綜上，陪都時期公司股東會議總體來說是排斥非股東代理股東參會的，這也是傳統習慣的力量在公司法實施中的一種體現。

（三）股東會議的流程

陪都時期公司法對於股東會議流程沒有規定，研究者也很少注意到這個問題。實際上這是陪都時期股東會議很重要的一個方面。陪都時期的公司對於召開股東會的態度是非常嚴肅的，其典型流程爲：

推舉主席（如需）——主席就席——行禮如儀（需主席主持）——主席報告股東出席情況——報告事項（董事長、經理等報告）——討論事項（決議）——臨時動議（如有）

以下就典型的股東臨時會和股東常會程序舉幾例如下：

福民實業臨時股東會開會秩序單

一 開會

二 向國父遺像暨國黨旗行最敬禮

三 主席恭讀總理遺囑

四 靜默三分鐘

五 主席報告出席股權總數

六 報告事項

　　1 董事長報告

　　2 總經理報告

七 討論事項……

八 散會

又如：

川康平民商業銀行第十四屆常年股東大會開會程序

搖鈴開會

全體起立向黨國旗及總理遺像行三鞠躬禮

主席恭讀總理遺囑

主席報告到會股數及股權

總經理報告上一年度營業概況

監察人報告帳略

核定三十一年度盈餘分配案

臨時動議

改選監察人

散會

再如，復興隆煤礦《股東會議規則》第十二條規定的股東常會之程序如下：

一、儀式

二、報告事項

　　甲·董事長對業務及決算之報告

　　乙·監察人對重要事件調查及審核決算之報告

　　丙·經副理對業務及決算之報告

　　丁·其他重要職員之報告

二、詢問事項

　　甲·股東詢問案

四、審查事項

　　甲·營業報告書

　　乙·資產負債表

　　丙·財產目錄

　　丁·損益計算書

　　戊·公積金及股息紅利分配案

　　己·監察人之檢舉案

　　庚·監察人之審核報告案

　　辛·經費支出概算書

　　壬·董事長及監察人之交議案

　　癸·股東之提案

前列各項分組審查

五、討論事項

　　甲·決算案

　　乙·概算案

　　丙·公積金及股息紅利分配案

　　丁·監察人之檢舉案

　　戊·董事長及監察人之交議案

　　己·股東之提議案

    庚·其他

  六、選舉事項 甲·改選監察人或董事

  七、臨時動議 甲·臨時事項

  八、其他

以上三例中，復興隆煤礦規定的股東常會程序尤為完備。

以上各程序中，推舉主席和「行禮如儀」兩項比較有特色。分述如下：

1. 推舉股東會主席

由陪都時期公司檔案可知，公司董事長並不當然就是股東會主席。例如，民生實業民國三十年三月十八日第十六常年股東大會決議錄記載「眾股東推舉盧股東大孚為大會主席」，而該公司董事長為鄭東琴。

股東會主席的職能不僅在於主持會議，在有些公司，股東會主席還擁有特殊的表決權。如中國火柴原料廠、川康平民商業銀行、華福捲煙廠的章程均規定，「可否同數時取決於主席」，比較特別。

在筆者考察的 26 家公司章程中，有 19 家對股東會主席的確定方式進行了明確規定，具體如下表：

章程中確定股東會主席條款統計表

公司簡稱	內 容
火柴原料	股東會開會以董事長為主席，董事長缺席則以副董事長為主席，均缺席由董事中公推一人為主席。
華安礦業	第十五條 股東會開會以董事長為主席董事長因事缺席時由常務董事中互推一人為主席。
灘昌紡織	股東會主席：由股東臨時於出席董事中公推一人為主席
三才生煤礦	董事會及股東大會以董事長為主席，董事長因事不能出席時由其他常務董事互推一人代理。
江合煤礦	股東開會應先推舉正副主席各一人
四川水泥	股東開會以董事長為主席。董事長不能出席時，常務董事代之。
川康平民商業銀行	18 股東會以董事長為主席董事長有事故不能出席時得委託董事一人或由董事會公推一人代之
四川絲業	第十九條 股東開會以董事長為主席董事長因故不能出席時由常務董事代之 第二十五條 董事會開會以董事長為主席，董事長因故不能出席時由常務董事中互推一人代之 第二十七條 董事會開會以董事過半數出席行之董事因故不能出席時得

	委託其他董事代表但每董事以代表一人爲限其決議以出席董事過半數行之可否同數時取決於主席
重慶輪渡	股東會主席由股東互推之
集成企業	第十八條 股東開會以董事長爲主席董事長因事不能出席時由常務董事互推一人代理之
華福捲煙廠	第二十條 股東會開會時以董事長爲主席，董事長因事不能出席時，由董事中公推一人爲主席
義大煤礦	21 股東會以董事長爲主席董事長遇事不能出席時由常務董事中公推一人代理之
中國工礦建設修改	第一四條 股東會由董事長任主席，董事長缺席時得由常務董事一人代理之
中國紡織企業	25 董事長執行股東會之決議住持公司事務爲董事會及股東會之主席並對外代表本公司副董事長於董事長請假時代理其職務
大川商業銀行	股東會以董事長爲主席董事長缺席時出常務董事中推一人代表之
天府煤礦	第十六條 股東會土席由股東互推之。
民生實業	第十六條 股東會主席由股東互推之
聚興誠銀行	第十八條 股東開會以董事長爲主席董事長有事不能出席時由常務董事中一人代之。
北川民業鐵路	第二十一條 股東開會時先舉主席一人，由股東就到場股東內舉定之
和源實業	第二十條 股東會議以董事長爲主席董事長因事缺席時由董事中公推一人任之。
寶豐實業	第十七條 股東會開會時以董事長爲主席

　　從上表看，大致有兩種情況：一是直接規定董事長當然爲股東會土席的，有 13 家，共並規定了董事長有事故時的自動替補程序，其中副董事長替補，副董事長有事故推選董事替補的 2 家；直接推選常務董事替補的 8 家；委託董事或公推董事替補的 2 家；未提到替補問題的 1 家。二是規定股東會臨時公推股東會主席的，有 6 家，包括從董事中公推 2 家，從股東中公推 4 家。另外，江北／江合煤礦規定了股東會開會時推舉正、副主席各一人，未說明具體推舉方法。

　　2. 行禮如儀。在查閱檔案過程中，筆者發現幾乎所有的股東會議和董事會議記錄中都記載有「行禮如儀」字樣，於是特別關注當時公司開會到底是

如何行禮的。典型的例子如四川水泥公司的一份資料：

行禮次序

一　行開會禮

二　建設廳代表各股東就位

三　向國旗及總理遺像行三鞠躬禮……

四　恭讀總理遺囑……

五　靜默三分鐘

六　復位

其中，總理遺囑內容如下：

余致力國民革命，凡四十年，其目的在求中國之自由平等。積四十年之經驗，深知欲達到此目的，必須喚起民眾，及聯合世界上以平等待我之民族，共同奮鬥。現在革命尚未成功。凡我同志，務須依照余所著《建國方略》、《建國大綱》、《三民主義》及《第一次全國代表大會宣言》，繼續努力，以求貫徹。最近主張召開國民會議及廢除不平等條約，尤須於最短期間，促其實現。是所至囑！

（四）股東會議的記錄

1929、1946 兩部公司法均規定，股東會之決議事項，應做成決議錄，由主席簽名蓋章。決議錄並應記明會議之時日及場所，主席之姓名，及決議之方法，決議錄應與出席股東之名簿一併保存。1946 年《公司法》還補充規定將代表出席委託書一併保存。

應當說這些規定是比較完備的。陪都時期公司章程關於此點一般參照公司法規定，但有些公司的章程增加了決議錄須記錄人數、股數、權數的要求，如建川煤礦。從公司檔案中看，絕大部分的股東會議記錄都符合法定要求，並記錄了出席人數、股數、權數（1946 年《公司法》施行後，出席人數過半不再是開股東會的法定要件，故有些記錄不再載明出席人數）。上一節筆者提供的陪都時期公司股東數量，就是依據各公司股東會議記錄統計的。

值得一提的是，陪都時期一些公司在股東會議後，還還專門向股東致送決議錄，如民生實業的以下函件空白格式：

逕啟者：本年四月二十日，本公司開第十三屆股東大會，報告營業情形，通過二十六年盈餘分配及改選董監各案，除函請各董監剋日就職外，特將大會記錄印送貴股東查照為荷，此致

　　○○○股東大鑒

　　附第十三屆股東大會紀錄一份

　　民生實業公司第十三屆股東大會主席　鄭東琴

　　中華民國二十七年四月　日

　　民生實業歷年的股東會都會向股東致送印刷體的會議記錄。此外，中國火柴原料廠、建川煤礦、集成企業等公司也有類似的做法。

（五）股東會表決制度

　　陪都時期公司股東會表決制度中最具特色的部分是表決權限制制度，這一點已在前文作了重點介紹和分析。除此之外，陪都時期公司股東會的表決制度主要包括三方面：表決通過決議的人數、股數、權數要求，假決議制度，股東迴避關聯交易制度，介述如下：

1. 表決通過決議的人數、股數、權數要求

　　關於股東會表決制度的法律規定，已在前文介紹 1929、1946 兩部公司法的部分詳細交代，大意爲：對於一般事項的表決，1929 年《公司法》要求股東會人數、股數、表決權「三過半」，而 1946 年《公司法》取消了人數過半的要求，只需要股數、表決權「兩過半」。對於變更章程等重大事項的決議，1946 年《公司法》規定，變更章程須有代表股份總數三分之二以上之股東出席，公司解散或合併須有代表股份總數四分之三以上股東之出席，並均以出席股東表決權過半數之同意作出決議；1929 年《公司法》舊法對此規定爲股東過半數，代表股份總數過半數之出席，以出席股東表決權三分之二以上之同意作出決議。即仍是新法取消了人數限制。

　　陪都時期公司的章程對股東會表決規則大都作了較明確的規定，具體情況如下表：

章程中股東會開會條件與表決規則條款統計表

公司簡稱	內　　　　容
濰昌紡織	股東會之決議除公司法有特別規定者外，以有股份總數過半數之股東出席及出席股東表決權之過半數行之出席人不滿前項定額時，以出席股東表決權之過半數爲假決議，並將假決議通知各股東於一個月內再召集第二次股東會議議決之
川康平民商業銀行	20 股東會須有代表股份總額過半數之股東出席方得開議其決議以出席股東表決權過半數之同意行之。可否同數時取決於主席。出席股東

	不滿前項定額時得爲假決議依公司法第一百七十三條第二項程序辦理
四川絲業	第十八條 股東會須有股份總額過半數之股東出席方得開會，其決議以出席股東表決權之過半數行之
天原化工	16 股東會開會應有股東人數過半數或股份總額三分之二之出席方得開議其決議，除公司法有特別規定者須有出席股東表決權過半數行之
川康興業	22 股東須自開會之日起算在 60 日以前註冊有十股以上者始有資格出席會議 23 股東有出席股東會之資格者應於會期前十日起至開會前一日止將股票持赴公司驗取入場券 29 股東會非有總額三分之一以上之股東出席不得開會，非有到會股權過半數之同意不得決議 股東遇有會議與本身利害關涉事項時，不得加入表決，並不得代理行使議決權。
華福捲煙廠	第十八條 股東會之決議除本公司另有規定外應由代表股分總數過半數之股東出席，以出席股東表決權過半數之同意行之，遇可否數相同時，取決於主席
中國工礦建設設立版	第一二條 股東會須有總額過半數之股東出席方得開會須得出席股東表決權過半數之同意得決議但關於改變章程增減及合併或解散等事項應依照公司法及有關法令之規定辦理。
中國工礦建設修改版	同上
中國紡織企業	20 股東會應有代表公司股份總數二分之一以上股東之出席始得開議須有出席股東表決權過半數之同意始得決議但關於變更章程增減股本及解散或合併之決議應分別依照公司法第一百八十六條及二百零三條之規定辦理
聚興誠銀行	股東會之決議應由股份總額過半數者之出席以出席股東表決權之過半數行之
聚興誠銀行	股東會之開會除照公司法另有規定外應有代表股份總額過半數之股東出席其表決事項應以出席）股東表決權之過半數行之

　　從上表看，公司章程關於股東會表決規則的規定與當時公司法的規定基本一致，但火柴原料廠、川康平民商業銀行、華福捲煙廠三家公司的章程規定「可否同數時取決於主席」，賦予主席特殊情形下的「雙票權」，比較特別。這種規定較多見於董事會。另外，天原化工、川康興業兩家公司章程的規定更特殊，對出席股東會的人數有要求，大致推斷爲 1946 年公司法頒佈以前制定章程，因之前的公司法不但要求股份、表決權過半，還要求出席股東人數過半。

　　另外，中國紡織企業公司的章程規定「股東會應有代表公司股份總數二

分之一以上股東之出席始得開議」，二分之一的概念與過半數不同，應爲章程制定者對兩個概念理解不清所致。川康興業公司的章程限制十股以下小股東出席股東會的權利，且限定開會 60 日前必須註冊等，違反了當時公司法的規定，不過該公司爲國營，比較特殊，屬於例外情況。

如前文關於股東會議記錄部分所述，從陪都時期公司章程的股東會決議記錄看，會議主席在會議進入正題前要報告到會人數、股數、權數，並宣佈「已合法定數額可開會」，表明上述表決制度得到了較好的執行。

2. 假決議制度

假決議是陪都時期一項比較有特色的制度，其目的是爲了提高股東會的效率。股東會議通知發出之後，到會股東人數或股數可能不足法定數額（如前述「三過半」「兩過半」要求），這是固然不能形成決議，伹如就此不開會，對於到會的股東又不公平。因此，1929、1946 兩部公司法均規定了假決議制度，其內容爲：

出席者不滿法定定額時，得以出席人表決權之過半數爲假決議，並將假決議通知各認股人（發有無記名式之股票者，並應將假決議公告），過一個月內再召集股東會，其決議以出席人表決權之過半數通過。據該規定文意，再次召開的股東會即使出席人數、股數如果仍達不到有關「過半」要求，只要出席人表決權過半數通過，假決議就會成爲正式決議。否則，假決議制度就沒有任何意義了。

濰昌紡織、川康平民商業銀行、民生實業章程有關於假決議的記載，與法律規定一致。公司檔案中，僅有復興隆煤礦有一例假決議事項，但之後是否舉行了第二次會議再次通過不可考。總的看，陪都時期公司召開股東會出現到會人數、股數不足法定額的情況很少，故需要用到假決議的情況不多。到 1946年《公司法》取消股東會開會人數過半的要求之後，這種情況應該更少。

3. 股東迴避關聯交易

本章上一節提到，《公司條例》、1929 年《公司法》、1946 年《公司法》都規定了股東表決時的對關聯交易的迴避義務。這也是股東會表決規則的一部分。

陪都時期公司章程對此大都沒有提及，僅川康興業公司章程規定，「股東遇有會議與本身利害關涉事項時，不得加入表決，並不得代理行使議決權」。

（六）股東會違法情形的處理

1929、1946 兩部公司法均規定，股東會的召集或決議違反法令或章程時，股東可自決議之日起，一個月內申請法院宣告其決議為無效。此規定是各項有關股東會規則的最終救濟措施。關於這一點，公司檔案中沒有相關案例。

二、股東會的職權範圍及其與董事會、經理人、監察的關係

陪都時期兩部公司法對股東常會規定了例行職權，主要是「股東會得查核董事造具之表冊，監察人之報告，並決議分派盈餘及股息」，此外，公司法還規定公司增減資、發行公司債、解散、選任和解任清算人（法定清算人為董事長，但股東會可另選）、對董事監察人提起訴訟等都屬於股東會的法定職權。

從公司檔案看，股東會較多行使的職權為：審核並承認董事置備的財務業務報告資料、總經理報告上一年度營業概況、監察人報告帳略、核定上年度盈餘分配案、改選董事監察人（如需）、決議增資或變更章程等的內容。陪都時期公司章程大多數對股東常會例行職權沒有規定，即默認從法定，但建川煤礦規定還包括有「議決下屆工程計劃、業務方針」的任務，有一定的合理性。

從公司法人治理結構的角度看，更重要的問題是股東會與董事（會）、經理人、監察人之間的職權劃分和互動關係，而關鍵又在與股東會與董事之間的職權劃分。分述如下：

1. 股東會與董事會的職權界限

首先，人事任免方面，陪都時期兩部公司法均依慣例規定股東會有權任免董事；財務方面，均規定董事負責準備財務及報告和盈餘的分配方案供股東會審核，而由股東會決定是否承認並解除董事的責任。這兩大方面，公司法對股東會和董事會角色的規定是比較清楚的。

對於「事權」，如購買不動產或巨額業務合同的簽署等重要事項，公司法沒有規定，而是留待公司自行處理。應當說，在經營管理問題上，哪些重大事項需要股東會決定，哪些需要董事會或總經理決定，每家公司的情況都有所不同，確實不是法律能夠界定的，應當通過章程及公司內部文件規定來解決。但對於股東會和董事（會）在「事權」方面的地位高低，儘管依常理應為股東會高於董事會，仍需法律給出指導性的原則。《公司條例》對此沒有規

定。1929 年《公司法》第一百四十八條規定,「董事之執行業務,應依照章程及股東會之決議」。據此,除非章程另有規定,股東會可以對公司重大事項作出決議,董事會應當執行。這一也爲 1949 年《公司條例》乃至我國臺灣地區現行《公司法》所沿用。這就使得股東會直接干預公司具體經營管理事務有了明確的法律依據。我國 2005 年公司法明確規定了股東會、董事會職權,並爲經理人職權列舉了參考項目。這與陪都時期公司法乃至我國臺灣地區現行《公司法》不同,係不同的立法理念所致。

由於陪都時期公司法在「事權」問題上對股東會和董事會的權利邊界沒有明確規定,就需要公司章程及董事會規則等對此作出規定。陪都時期公司採取的具體做法是集中明確董事會的職權範圍,董事會職權明確,則比董事會職權範圍內事項更重大的事項,自然歸股東會決定;比董事會職權更細小的事項,自然歸經理人決定。如本文導論所述,陪都時期正處於公司法人治理理念從「股東中心主義」轉向「董事會中心主義」的階段,而陪都時期公司法人治理結構中「董事會中心主義」的理念已經基本確立,反映爲一系列公司內部制度安排,並在實踐中得到體現。

從陪都時期公司章程看,董事會的權利包括召集股東會和執行股東會決議、審定提交股東會各項報告、制定內部規則、預決算初步審定、任免經理協理及其他重要職員、對外代表公司、決定分支機構的設立,重大契約的簽訂、不動產的購買等重大事項,裁決公司各部門權限爭議,監督經理人工作等,權利範圍廣泛,可謂大權在握。關於董事會職權將在後文展開介紹。

以下從分別臨時股東會和股東常會記錄中考查陪都時期公司股東會決定公司管理經營事項的情況:

（1）從臨時股東會考察

股東常會一年一度,主要是決定審核報告、分配利潤等例行事項。臨時股東會的召開,在一定程度上能夠反映股東會積極行使權力的情況。

在約 40 家公司檔案中,中國火柴原料廠、華安礦業、復興隆煤礦、四川水泥、川康平民商業銀行、天原化工、華福捲煙廠、義大煤礦、福民實業、中國工礦建設、大川實業、中國紡織企業、華盛企業、北川民業鐵路、四川絲業等 15 家有召開一次或多次臨時股東會的記錄,但絕大部分都是因法定開會事項而「不得不開」,如增資、發行公司債、修改章程及公司更名、改選監察人（因監察人任期爲一年,改選比任期一般爲三年的董事要頻繁一些,有

時會遇到股東常會未及時改選而需要臨時股東會改選的情況）等。

　　上述臨時股東會中，僅有兩次會議體現了股東會對某些重大事項的決定權：

　　其一，天原化工在民國三十二年十月一日召開的臨時股東會上，討論了關於設立分廠的事，決議：

> 「設立宜賓分廠事應先與分廠調整處商洽再定辦法，新疆分廠可逐
> 步小規模推動……」。

　　本例體現了股東會對設立分支機構的決定權。依常理，設立分支機構屬於重大投資行為，一般應由股東會決定。但從陪都時期公司章程看，火柴原料、華安礦業、四川水泥、集成企業、寶豐實業五家公司章程規定公司設立分支機構由董事會決議確定。又如本章上一節引用的復興隆煤礦向立中公司投資、四川水泥向竟成煤礦和益合木廠投資的例子，也是由董事會決議確定。這說明在投資及對外投資這個本應由股東會決定的領域，董事會也扮演了重要的角色。不同的公司有不同的做法。

　　其二，福民實業在民國三十五年三月前後召開的臨時股東會（當場改為股東常會）上，除討論修改公司章程、改選監察人外，還討論了以下業務事項：

> 「……
> （6）董事會提：前據表總經理報告所定美國麥粉機器兩套業經讓出
> 一套請求追認一案經由本會議決通過報告股東會追認在案請與追認
> 案
> 決議：准予追認
>
> （7）本公司新麥粉機器五千包一套將於明春交貨，新廠地址前董事
> 監察人聯席會議決議假定設於鎮江或江陰，由董事長總經理選定一
> 處是否有當請討論案
> 決議：授權董事會慎重選定
>
> （8）袁總經理提本公司電機碾米廠因政府停止委託加工業務清淡污
> 蝕頗鉅故已於本年八月底結束停業請追認案
> 決議：准予追認
>
> （9）本公司業務方針案　關於本公司重慶麥粉廠如何發展及新廠如

何遞進授權董事會從長討論辦理……」

上例表明股東會偶而也會對特別重大的事項，如新廠的地址選定進行討論，但討論的結果是授權董事會選定；至於追認事項，雖表明股東會有權決定這些事項，但事實上董事會、總經理「先斬後奏」，股東會對這些事項的決策權並未落實。

綜上，從臨時股東會記錄看，股東會對重大經營事項的決策影響較小。這僅有的兩個例了，也從另一個角度說明董事會在公司法人治理結構中的核心地位。此點將在本文下一章深入討論。

（2）從股東常會考察

陪都時期公司檔案中，大部分股東常會的討論事項均為例行事項，僅有少數涉及對重大經營事項的決策，舉幾例如下：

華安礦業民國三十二年五月二十六日股東常會記錄：

「……研討本年度業務方針，主席提出兩項計劃：

A. 請國家銀行貸借本公司六千萬元，將各商業銀行之短期貸款歸償，減輕高利負擔；

B. 就川北鹽局已有合約，積極取得川北銷場控制水運，以期自運自銷，必要時或須另組營運機構，則本礦專事生產，自較穩固簡單……」

上例兩項一為融資、一為重大銷售渠道的建立，確屬特別重大事項。

巴縣電力第三次股東常會（日期不詳）記錄：

「……（二）向交通銀行貸借購儲燃煤與五千萬元所付利息陸百萬元擬請加入煤價調整費計收提請討論案　議決　通過

（四）本公司以洪水時期運輸中斷留需購燃煤三個月致經費不敷一億千餘萬元　應如何籌措案　議決　交董事會辦理」

上例兩項都是討論資金問題。

集成企業三十五年五月十八日第六屆股東常會記錄：

「……三十五年度業務方針如何決定案

決議：漆墨製造部門保持原狀，進口貿易業務視力謀儘量發展

臨時動議：

1. 總工程師楊月然之專利權酬金如何決定案

決議：可於增資中贈酬紅股，數額則由下次董監會酌定之

2. 總經理特別酬勞如何決定案

決議：照前案辦理

上例兩項，一爲公司業務方向的確定，二位經理人員的報酬。

綜上，陪都時期公司的股東會一般不干預公司的經營管理事項，而是委之於董事會；即使偶而干預，一般也是針對公司業務方針、融資等特別重大事項，以及管理人員酬勞等特殊事項。董事、監察人酬勞依常理應由股東會決定，而經理人酬勞依常理應由董事會決定，但也有例外情況。對此點後文將專門論述。

2. 股東會與監察人、經理人

（1）股東會與監察人

股東會將公司將公司的大部分經營管理權委託於董事（會），董事會再將部分權力委託與經理人，而監察人的責任則是幫助股東（會）對董事、經理人進行監督。從某種意義上講，股東會與監察人之間是另一種委託代理關係，股東會選任監察人，監察人向股東會報告。如上所述，監察人對董事準備的帳目進行例行審核，以便董事報告於股東常會；公司法授予監察人直接召集股東會的權利，這都是監察人受股東會委託行使監察權並向股東會報告的機制。

從公司檔案看，幾乎每一次股東常會都有監察人審核帳目的記載；也有監察人在股東會上發表意見的記載。這些將在後文監察人一章詳述。

（2）股東會與經理人

在制度設計上，股東會與經理人在職權行使上沒有直接聯繫，只是股東會有時會對經理人的報酬施加影響，如前所述。

經理人本應向董事會負責，但在股東會議中，經理人發言報告業務情況的情況比較常見，還有個別經理人向股東會提交書面業務報告的案例，例如，中國火柴原料廠檔案中有一份民國三十一年七月五日總經理林天驥向股東會臨時會提交的書面工作報告，內容爲自 30 年 12 月 1 日股東會以來 7 個月中的工作情況。筆者認爲，上述個別情況並不能說明經理人越過董事會直接向股東會報告已經成爲制度，而應當理解爲提高工作效率的需要；另一方面，股東會作爲公司最高權力機關有要求經理人報告情況的權力。

第三章　陪都時期股份有限公司
董事與董事會

本章主要介紹陪都時期股份有限公司董事的產生、權力、義務、責任及激勵機制；進而介紹董事會的組成、會議的召開和職權的行使；並對陪都時期頗具特色的常務董事制度進行介紹。

如前所述，本文的基本觀點之一是陪都時期公司法人治理結構中「董事會中心主義」的理念已經基本確立，無論是在制度安排上還是在實踐中，董事會都擁有廣泛的權力，在公司治理中相對於股東會、經理人和監察人而言處於中心地位。本章將通過對當時立法、公司章程和公司檔案資料的分析，重點論證這一觀點，並就有學者認為民國時期（含陪都時期）公司實行「總經理負責制」較為普遍的觀點提出商榷意見。

第一節　董　事

本節主要考證陪都時期股份有限公司董事的產生及其職權的行使。

一、董事的產生

董事的產生主要涉及董事的主體資格、數量確定、任期確定、選舉、委派、解任等事宜。在深入分析之前，我們先來看看陪都時期公司章程的有關條款，具體如下表：

章程中董事人數、任期、補任條款統計表

公司簡稱	內　容
火柴原料	設董事 19 人，任期三年，由股東會就 50 股以上之股東中選任職，連選得連任 設監察人 5 人，任期一年，由股東會就 20 股以上之股東中選任職，連選得連任
建川煤礦	董事會及監察人：1.董事 15 人，資源委員會指派 5 人，其餘由股東會就 150 股以上股東中選舉；監察人 3 人，資源委員會指派 1 人，其餘由股東會就 50 股以上股東中選舉。 董事任期 3 年，監察人任期 1 年，任滿得連選連任，但資源委員會指派者不適用之。
華安礦業	本公司設董事十五人由股東會於滿三百股之股東中選任之監察人五人由股東會於滿一百股之股東中選任之。
濰昌紡織	董七人監二人，董事至少七股，監察至少二股方有資格 本公司董事一經當選，就任時須將被選資格之股票交由監察人於本公司保存 董事任期三年監察人任期一年，連選得連任，但新董事及新監察人未就職前，舊董事及舊監察人不得退職 董監於任期內缺額時，由原選次多數當選人補任
三才生煤礦	董事 9 人，監察 3 人，由股東中選任。董事任期爲三年，監察任期爲一年，連選連任
江北／江合煤礦	設董事 11 人由股東會就壹佰股以上之股東選任之，任期二年得連選連任；設監察員六人由股東會就貳拾五股以上之股東選任之，任期一年得連選連任；董事及監察員被選後應照章將股票交公司存查
四川水泥	董事十一人，滿三十股○○監察人三人，滿十股○○董事任期三年，監察一年。設常務董事三人，董事長就常務董事中選擇任之。
川康平民商業銀行	設董事 15 人監察人 5 人，由股東會就股東中選任之。董事任期 2 年監察人任期 1 年均得連選連任
四川絲業	第二十條　本公司設董事二十五人，由股東會於滿二十股之股東中選任二十四人，設監察人十二人，於滿十股之股東中選任十一人，其餘董事監察人各一人遵照四川省管理*絲辦法大綱由四川省政府指派之，仍須經股東會通過 第二十一條　董事任期三年監察人任期一年均得連選連任
重慶輪渡	董事 9 人，監察 3 人，凡本公司股東均得當選 董事任期 2 年，監事任期 1 年，得連選連任。董事長 1 人，常務董事 2 人，均由董事互選之。」
集成企業	本公司設董事十一人組織董事會由股東會於滿五十股之股東中選任之 設監察六人於滿十一股之股東中選任之 董事任期二年監察任期一年均得連選連任

天原化工	董事設 5 人監察人 2 人董事任期 3 年監察人任期 1 年，均得連選連任 董事由股東會於 30 股以上之股東中選舉之，監察人於 10 股以上之股東中選舉之
川康興業	32　○○公司設董事 25 人組織董事會，內 14 人由行政院川康兩省政府指派，其餘 11 人由股東會就商股在 50 股以上之股東中票選之。董事任期三年連選連任 33　董事會設常務董事 7 人由行政院指定 5 人其餘 2 人由商股董事互選之，並由行政院就常務董事中指定 1 人為董事長 41　○○公司設監察人 11 人，內 6 人由行政院及川康兩省政府指派，其餘由股東會就商股在二十股以上之股東中選任之，設常駐監察人 1 人由監察人互推之監察人及常駐監察人任期 1 年連選得連任
華福捲煙廠	本公司設董事十九人組織董事會決定公司營業方針及重大問題 本公司董事任期三年，由股東會就股東中選任之，凡股東皆可當選董事會推選常務董事九人互選一人為董事長 設監察人七人，任期一年，由股東會就股東中選任之，凡股東皆可當選
義大煤礦	24　董事會設董事長一人常務董事二人，由董事會就董事中互選之 27　董事缺額達到總數二分之一時，應即召集股東臨時會補選，如遇補選不及而有必要時的一原選次多數之被選人代行職務 28　董事及監察人之職責依公司法之規定
中國工礦建設章程修改	第一六條　本公司設董事　二十七至三十一人監察人九至十五人由股東會選舉之 第一七條　本公司之股東有二十股以上者得當選為董事有十股以上者得當選為監察人但同一股東不得兼任董事　與監察人
中國工礦建設章程設立	第一六條　本公司設董事　九至十五人監察人五人至九人由股東會選舉之 第一七條　本公司之股東有十五股以上者得當選為董事有五股以上者得當選為監察人但同一股東不得兼任董事　與監察人 第一九條　董事任期二年，監察人任期一年，連選得連任
寶元通實業	設董事七人監察二人股東有五股以上者得當選為董事凡本公司股東均得當選為監察人
中國紡織企業	設董事十九人，內中二人由公股投資機關指派，十七人由出席股東會之非公股股東就有五十股以上之非公股股東中選任之，設監察人八人，內中一人由公股投資機關指派，七人由出席股東會之非公股股東就有二十股以上之非公股股東中選任
大川商業銀行	30 本行設董事 15 人組織董事會由股東會開會時就股東中選任之 31 董事任期三年…… 38 設監察人三人，由股東會開會時就股東中選任之，常務監察人一人，由監察人互推之 40 監察人任期一年……

天府煤礦	董事十五人由股東會用記名式連選法就股東中選舉之任期二年。 設監察五人由股東會記名式連選法就股東中選舉之任期一年
民生實業 1937 版	十七條 設董事二十五人，監察人十二人 第十八條 董事及監察人由股東會用股東會連記法互選之，得票過出席股權半數者爲當選。 第十九條 董事任期爲二年，監察任期爲一年。
民生實業 1946 版	第十八條 董事及監察人由股東會用無記名連記法互選之，得票過出席股權半數者爲當選。 第十九條 董事任期爲二年，監察任期爲一年
華盛企業	本公司股票均爲記名式分爲十股、一百股、一千股三種，由董事五人簽名蓋章編號填發
聚興誠銀行 1947 修改	本銀行設董事十三人監察人五人均由股東中選任之
聚興誠銀行	第十九條 本銀行設董事十一人由股東會滿五十股之股東中選任之設監察人三人於滿十股之股東中選任。 第二十條 董事任期三年監察人任期一年但得連選連任。
北川民業鐵路	第二十三條 本公司設董事九人，監察人四人，於常年股東會之末日投票選舉，以得票最多者爲當選 第二十四條 董事任期兩年，監察人任期一年，期滿改選，但得連選連任
和源實業	本公司設董事十七人監察人五人有股東會就股東中選任之董事任期三年監察人任期一年均不得連選連任。
寶豐實業 1947 修改	第二十三條 本公司設董事十一人，候補二人，監察人五人，均由股東會就股東中選舉之，惟須持有本公司股票三十股以上者方有當選董事之權；改爲本公司設董事十一人，候補二人，由股東會就持有股份千分之二以上之股東選舉之又設監察人五人由股東會就有股分千分之一以上之股東選舉之
寶豐實業	第十八條 本公司設董事七人，由股東會就有三十股以上之股東中選任之監察人三人，由股東會就有十股以上之股東中選任之 第十九條 董事任期三年，監察人任期一年，但得連選連任

從上表看，關於擔任董事的主體資格，首先，擔任董事者必須具備股東身份。陪都時期兩部公司法都規定董事應具備股東身份。1929 年《公司法》規定董事就任後，應將章程所定當選資格應有股份之股票交由監察人在公司中保存。1946 年《公司法》進一步規定，董事在任期中將其所有股份全數轉讓時當然解任，體現了對股東身份的持續性要求。從陪都時期公司章程看，董事持股數量要求與監察人持股數量要求一併規定，而董事持股數量要求要

高於監察人。對董事持股數量要求不同的公司要求不同，從幾股、幾十股到幾百股不等。也有少數公司只要求是董事由股東身份，但沒有具體股數限制，如川康平民商業銀行、重慶輪渡、華福捲煙廠、大川商業銀行、天府煤礦、聚興誠銀行（民國三十六年修改版）、和源實業等。但官股是直接指派董事、監察人，一家官股可指派多名董監，數量參照其持股比例，建川煤礦、川康興業。

公司檔案中有因股份轉讓而辭去董事職務的例子，體現了董事持股要求在實踐中得到執行。如民國三十四年九月五日中國紡織企業第二屆股東常會記錄記載：

> 「……七、交通銀行投資撤回，代表辭去副董事長及常務董事，改
> 任董事。」

其次，公司法對於擔任董事者的住所也有一定要求。1946 年《公司法》首次規定，董事須半數以上在國內有住所。公司檔案中未發現有董事住所在國外的資料。

再次，公務員不得擔任董事。儘管公司法對此沒有規定，而且筆者也沒有查到陪都時期禁止公務員擔任董事的具體法規，但相關法規肯定是存在的。以下是民國三十一年十二月二十九日重慶輪渡監察人胡子昂的因擔任公務員辭去監察人職務的函：

> 逕啓者：查公務員不得兼任私營商業之經理、董事長、董事、監察
> 等職務，曾經中央明令公佈。子昂現在身任公務員，自當遵從政令
> 所有擔任貴公司職務亟應辭去特此函達，敬乞查照惠允另選賢
> 能……
>
> 此致　重慶輪渡公司

關於董事的數量，主要體現為最低數量限制，而沒有上限。1929 年《公司法》規定公司董事至少五人，1946 年《公司法》規定減為三人。從陪都時期公司章程看，董事最少的 5 人，最多的 31 人，相關統計表請參見下文「常務董事」部分內容。

關於任期，1929 年 1946 年《公司法》均規定董事任期不超過三年，而大部分章程都按三年確定，但江北（江合）煤礦、集成企業、中國工礦建設、天府煤礦、民生實業五家章程規定為二年，體現了公司對公司法賦予的自由決定權的運用。

關於董事的選舉、委派和解任，根據商股和官股的不同，有以下幾種情況：

一是商股股東被選舉為董事，具體又有以下途徑：

（1）通過創立會選舉，例如，強華實業民國三十一年六月二十四日創立會決議錄記載：

「四、主席提議選舉董事監察人公推趙永餘為監票員經眾投票業開票結果當場　表當選人當選權數分別列表如下：董事共計五人監察人共計二人」

（2）因增資而增選，例如民生實業民國三十三年四月十日第十九屆常年股東大會記錄記載：

「……三、增加董事及監察人名額並修改本公司章程案

董事原為二十一人，常務董事原為七人，監察人原為十一人，唯時公司資本額為國幣七百萬元。自前屆股東常會議決增加資本額為國幣八千萬元，茲擬將董事增為二十五人，常務董事增為九人，監察人增為十二人」

（3）因任期屆滿而改選或連選連任，如天府煤礦民國三十七年四月二十一日第二屆股東常會記錄記載：

「九、改選董事監察人－選舉結果如次

（一）當選董事：盧作孚　李雲根」

董事選定後，公司一般要書面通知當選人，如川康興業下例：

逕啟者本公司三十七年度股東常會決議臺端仍連任本公司董事，相應通知並檢附會議記錄及業務報告書各一份即希　查閱為荷

此致　劉常務董事航琛

川康興業股份有限公司董事會　啟

五月十二日

二是官股股東委派董事，根據《特種股份有限公司條例》以及 1946 年《公司法》規定，政府或法人為公司股東時，其所得指定為董事之人數應按所認股額比例分配，以公司章程確定。官股委派的董事得以本身職務關係隨時改派。例如，中國火柴原料廠檔案中，民國三十四年三月三十一日「財政部訓令」如下：

官股董事張靜愚辭職，遺缺派關吉玉充任。

　　在公司經營過程中，因董事辭職或被解聘，可能出現董事中途缺額的情況，為此需要公司明確相應的補救辦法。董事中途缺額的補救辦法主要包括兩種：候補董事與原選次多數補任。候補董事是指在選舉董事時同時選舉一定數量的候補董事，一旦董事出缺，候補董事自動轉為董事，其目的在於董事中途缺額時不必再開股東會選舉。例如，寶豐實業章程規定「董事十一人，候補二人」。這是筆者查閱的陪都時期公司章程中唯一的一例關於候補董事職務的規定。總的來看，候補董事方式在公司法中沒有規定，公司檔案中也未發現實例，應未被廣泛採用。關於原選次多數「代行」董事職務，通常情況下，公司法對於董事中途出現缺額的補救方法是召集臨時股東會補選，或者以原選次多數「代行」董事職務。如 1929 年《公司法》規定：「董事缺額達總數三分之一時，應即召集股東臨時會補選之。董事缺額未及補選而有必要時，得以原選次多數之被選人代行職務。」1946 年《公司法》規定大致相同。從上述規定看，開臨時股東會補選並非強制要求，且往往董事缺額不足總數三分之一。因此，濰昌紡織章程直接規定董事缺額，原選次多數自動補任，彌補了董事缺額未達三分之一的法律空白。義大煤礦章程規定董事缺額達到總數三分之一才補選，補選不及而有必要，才由原選次多數代行，與兩部公司法規定一致。

　　公司檔案中也有類似案例，如復興隆煤礦公司民國三十七年五月二十四日第二屆股東常會記錄記載：

> 「三、本屆董事周宗武病故出缺依本公司章程以選舉時得票次多數
> 者遞補，應由周念於得十一票補充提請公決案（主席提）」

　　關於董事的解任，1929、1946 兩部公司法均規定公司可隨時以股東會之決議「解任」董事，但董事定有任期的，如公司無正當理由提前「解任」，董事有權向公司請求賠償。陪都時期公司章程對於董事的解任沒有明確的規定，公司檔案中也沒有發現股東會直接解聘董事的案例，但有多起董事辭職的案例，如復興隆煤礦、強華實業、中國工礦建設、義生貿易等公司分別有董事長、常務董事、董事辭職的情況。可見在實踐中，辭職是比股東會決議解任更常見的解任方式。

二、董事的職權、義務與責任

　　以下從董事個體的角度，探討其職權範圍。董事的職權主要包括：

　　（一）**對外代表公司**。民國時期（含陪都時期）的董事代表權制度經歷

了一個逐漸演變的過程。1914 年《公司條例》規定，董事得各自代表公司。
1929 年《公司法》規定改爲：公司得依章程或股東會之決議特定董事中之一
人或數人，代表公司。1946《公司法》則進一步規定，公司得依章程由董事
互推一人爲董事長或數人爲常務董事代表公司。陪都時期公司章程關於董事
代表公司的規定不多，其中有幾家規定由「董事會」代表公司（後文詳述），
也有少量規定董事對外代表公司，如民國三十三年的民生實業章程。最典型
的是聚興誠銀行 1946 年《公司法》頒行後關於依法修改章程的提案中包含以
下內容：

> 「第五章第二十四條擬改爲（董事組織董事會，互選五人爲常務董
> 事，並由董事就常務董事中選舉一人爲董事長，代表公司）」

上例體現了該公司對法律變化的積極響應。

（二）**爲股東置備資料提供查詢便利**。陪都時期兩部公司法均規定，董
事應將章程及歷屆股東會決議錄，資產負債表，損益計算書，備置於本店及
支店（本公司及分公司）並將股東名簿及公司債存根簿被置於本店（本公司）。
前項章程及簿冊，股東及公司之債權人得隨時請求查閱；另規定，每營業年
度終，董事應造具各項表冊（包括營業報告書、資產負債表、財產目錄、損
益計算書、公積金及股息紅利分派議案），在股東常會開會前三十日交監察人
查核。這些表冊與監察人之報告書，應在股東常會開會前十日備置於公司本
店（本公司）。股東可隨時查閱。爲了解決股東的查閱能力可能不足的問題，
1946《公司法》則進一步規定，股東可協同其所委託的律師或會計師查閱。
從公司檔案中無法看出董事是否提前置備了上述資料，但陪都時期公司準備
的供股東會審核的財務表冊、營業報告書總體來說是比較規範的，有監察人
（含會計師）的審核意見，有些還採用印刷文件製作。

（三）**虧損報告和呈請宣告破產**。陪都時期兩部公司法均規定，公司虧
折資本達總額三分之一時，董事應即召集股東會報告。公司財產顯有不足抵
償債務時，董事應即申請宣告破產。公司檔案中未發現類似案例。

（四）**呈請官廳驗資和辦理設立登記**。1929 年《公司法》規定，股份全
由發起人認足的，應於主管官署派檢查員查驗確認第一次股款是否繳足（相
當於當代的驗資程序）後；股份非由全發起人認足者，應於創立會完結後十
五日內，由董事向主管官署申請公司設立登記。公司檔案中有關設立登記的
材料較多，典型的如富源水力發電呈請設立後得到的批文：

重慶市社會局批文

原具呈人富源水力發電股份有限公司三十二年八月呈一件為發起設
立股份有限公司呈請備案由，呈件均悉。查所有文件核與公司法施
第二十三條之規定，尚無不合，應準備案，茲限於文到一月內依法
呈請本局派員查驗資本，倘逾期延不遵行即移送法院處罰，仰即遵
限辦理，仍將奉文日期具報備查，毋延幹究為要。　件存。

此批

（民國）三十二年十月十三日　局長包華國

董事個人的義務與責任主要包括關聯交易迴避義務和過錯賠償責任。關
於關聯交易的迴避，1929 年、1946 年《公司法》均規定，董事為自己或他人
於本公司有關聯交易時，由監察人為公司的代表，但並未規定該董事在董事
會上沒有表決權。在陪都時期公司章程中，川康興業和中國紡織企業章程規
定，關涉董事本身之議案本人不得有表決權，比法律規定的限制更為嚴格。
我國 2005 年公司法僅規定上市公司董事在關聯交易中不得有表決權。

關於過錯賠償責任，1929 年《公司法》規定，董事執行業務，因違反章
程及股東會之決議導致公司受損害時，對於公司負賠償責任。1946 年《公司
法》補充規定「但曾經表示異議之董事有記錄或書面聲明可證者免其責任。」
公司檔案中，聚興誠銀行有小股東指控董事長侵佔公款的案例，後文監察人
職權部分詳述。

三、董事的報酬

陪都時期公司的董事報酬通常與監察人報酬一併決定和同時發放，故以
下合併介紹。董事和監察人的報酬，是董事、監察人激勵機制的主要手段之
一。1929、1946 兩部公司法均規定，董事、監察人之報酬未經章程定明者，
應由股東會議定。可見董事、監察人報酬的決定有章程直接約定和股東會臨
時確定兩種途徑。

從陪都時期公司章程看（具體參加本文第一章所列「章程中利益分配辦
法條款統計表」），大部分公司採用的是章程直接約定的辦法，直接規定了監
察人年終報酬比例，一般與董事報酬合併計算。27 家公司中大部分直接由章
程約定了董監報酬比例，僅有富源水力發電沒有明確約定監察人報酬，而是
規定「由經理擬具分配案送請董事會核定，提請股東會通過份配之」。

　　董事、監察人的報酬除了年終參與盈餘分配所得報酬之外，還有平時的輿馬費（辦公費）。分述如下：

　　（一）年終參與盈餘分配所得報酬。從陪都時期公司章程看，董事在年終盈餘分配時所得報酬一般與監察報酬合併列出，稱「董監報酬」章程上看不出董事、監察人之間如何分配。從董事、監察人平時辦公費標準的差別推斷，董事應該分配得較多一些。章程顯示，董監酬勞占可分配盈餘的比例，10%的較多，3%、5%、7%、8%的也有。由於不同公司章程對可分配盈餘的計算基數不同，前述比例不能準確反映實際比例的高低。筆者還注意到，重慶輪渡、聚興誠銀行兩家的章程中盈餘分配中沒有董監酬勞份額，不確定這兩家公司是否通過其他方式（如給予更高的輿馬費）予以激勵。

　　（二）平時工作的報酬（輿馬費）。董事、監察人參與公司盈餘分配，所得固然可能較多，但一來要等到年底決算之後，二來如果公司業績不佳也無從參與盈餘分配，所以對董、監平時的工作需要給予另外的物質刺激，陪都時期公司廣泛使用「輿馬費」（也稱「公費」或「辦公費」）的手段。基於此目的，發放輿馬費的前提是董事、監察人沒有領月薪。陪都時期公司章程對此大多沒有規定，但公司檔案中這方面的記載很多。例如，天府煤礦民國三十七年四月二十一日股東常會記錄記載：

　　「……（三）追認三十七年度董監辦公費案

　　董監聯席會議決自三十七年元月份，起董監輿馬費改稱辦公費，並改照下列數額致送，請予追認，當否請公決

　　（1）董事長每月六百萬元

　　（2）常務董事每人每月三百萬元

　　（3）董事及監察人每人每月一百五十萬元」

　　此外，復興隆煤礦、四川水泥、重慶輪渡、富源水力發電、中國紡織企業、天府煤礦、民生實業、義生貿易、北川民業鐵路等公司檔案中關於輿馬費的資料也比較豐富。

　　陪都時期公司的輿馬費，有股東會決定、董事會決定、董事會決定後請股東會追認三種情況。第一種情況是股東會決定。董監輿馬費屬於董監報酬的範疇，根據陪都時期公司法，應由股東會決定。當然，也有可能在當時隊「報酬」二字存在不同的理解。值得注意的是，華安礦業、灄昌紡織、四川

水泥、川康平民商業銀行、聚興誠銀行、和源實業六家公司章程同時規定了董監報酬或公費，並規定由股東會決定。這說明董監年終報酬和輿馬費可以同時存在。因貨幣貶值，輿馬費需不斷增加，檔案顯示，民國二十八年後民生實業的多次股東會都對輿馬費做出了決議，例如，民國三十四年六月十二日第二十屆常年股東大會記錄記載：

「八‧臨時動議

……

2. 趙股東瑞清等三人提議

查本公司董監輿馬費自去年四月股東會決議增加後，迄今並未變更。董事長輿馬費每月增為一萬五千元，常務董事增為六千元，董事及監察人各增為三千元可否？

決議：照案通過。」

第二種情況是董事會（含常務董事會）決定。例如，復興隆煤礦民國三十四年四月十日第二屆第十三次董事會議記錄記載：

「討論事項之四：董事監事輿馬費增加額如何決算案

決議：自四月份起增加為一萬元。」

又如聚興誠銀行民國二十六年六月二十五第二次董事會會議記錄記載：

「股東譚毅公提議董事長月薪應與總經理相等案　龔農瞻均附議

決議：董事長每月薪金輿馬費各二百元　二七年起每月增加特別辦公費一百元。」

以下案例則顯示了董事會對於自定輿馬費的猶豫，但對於要求確定董監輿馬費的提議，董事長最終表態請股東會決定比較恰當。民國二十六年六月十九日四川水泥第九次董監聯席會議記錄記載：

「董監輿馬費：吳董事長稱……似未便由本會自行提議，待臨時股東會時再行提請議決適當。」

第三種情況是董事會決定，報股東會追認。例如，中國火柴原料廠民國三十六年六月四日第十七次董事會會議記錄記載：

「董監車馬費，擬定董事長每月國幣 30 萬常董 20 萬，董監 10 萬，每年分 6 月，12 月二期致送，並提請下屆股東會追認之。」

又如中國紡織企業、民生實業及天府煤礦都有類似情況。這實際上還是董事會決定，股東會只是走形式，但從劃分權力邊界的角度看，股東會還是

擁有最後的否決權。

關於陪都時期公司發放輿馬費的形式，從公司檔案看，輿馬費一般以現金發放，但也有發放實物的情況，如復興隆煤礦於民國三十七年七月二十一日第十次董監聯席會議記錄記載：

「董事監察輿馬費應如何決定案

決議：每人每月支給粒煤一噸自 37 年 1 月 1 日起實行。」

又如，川康平民商業銀行民國三十七年四月三十日第五十六次董監聯席會議記錄記載：

「董監輿馬費按月照官價發米（貳市石），常董另加貳市石，董事長因有正式月薪，不另支輿馬辦公。」

從上例還可以看出該公司如果董事、監察人領了月薪，將失去享受輿馬費的資格。以實物發放輿馬費，一般是由於公司經營困難所致，並非常態。好在上述兩例的煤和米都是生活必需品，否則董監未必肯接受。還有一種非正常情況是以應發輿馬費抵銷之前董事、監察人欠公司的借款。前文探討股東收益權部分，曾提到一些公司規定股東可公司借款；或者雖無規定，也可能存在董監向公司借款的情況。這時如果公司拖欠輿馬費，則可以相互抵銷。例如，復興隆煤礦民國三十七年五月二十四日召開的第二屆股東常會記錄記載：

「經理周文祥四年來未照高級職員獲得米碳津貼，所有積借五千美元應予注銷案（股東周伯良提）決議：通過轉知會計股照辦。」

另外，還有一些不發或停發輿馬費的情況。個別公司並未規定輿馬費（辦公費），後來隨情勢變更而規定辦公費並補發。如三才生煤礦民國三十年十二月三十日常務董事會記錄記載：

「董事長辦公費應如何規定案，傅常董汝霖提議：擬規定爲每月貳仟元，由本年元月份起補足　議決：通過」。

也有個別公司先前規定了輿馬費後來因經營困難而取消的情況。如復興隆煤礦民國三十五年十二月二十日召開的股東大會會議記錄記載：

「董事監察輿馬費及津貼如何決定案

決議：一律取消」。

綜上，陪都時期公司董事、監察人的待遇還是比較好的。公司通過向董事支付較高的報酬，結合要求董事具有股東資格等要求，形成了較完備的促使董事認眞履行職責的激勵機制。

第二節　董事會

在公司法人治理結構中，董事會是處於股東和經理層中間的一個樞紐。董事是股東的代表，產生於股東會並最終對股東會負責；董事會又通過選擇經理人，而實現公司日常經營管理事務的執行。本節將就董事會的組織及召開頻率、條件、程序、記錄、表決規則、權利行使等問題進行研究，並對董事會與公司法人治理結構其他機關的關係進行探討。本節的重點是研究董事會與股東會、經理人之間的權力邊界，探討董事會在公司法人治理結構中的中心地位問題。

一、董事會的組織

1914 年《公司條例》和 1929 年《公司法》並未規定董事會，但都規定董事執行業務，除章程另有訂定外以過半數決議進行，實際上確認了董事集體行使職權的制度。1946 年《公司法》首次規定，董事在職權上須召集體行動時得組織董事會，董事會的組織及開會決議方法由章程確定。從陪都時期公司章程看，幾乎所有章程（包括 1946 年《公司法》頒行以前的章程）都規定了董事會議的召開事宜。在 27 家公司章程中，有 9 家明確規定了定期召開董事會的頻率，其中：三個月一次的 4 家，兩個月一次的 1 家，一個月 1 次的三家，一個月 2 次的一家。總之，一般都在在一個月一次到三個月一次之間，這與公司檔案中反映的情況是一致的。一些公司章程雖沒有明確規定董事會議的頻率，但可能是另有董事會議規則或其他安排，例如民生公司的一份會期表說明，在民國三十七年五月到三十八年四月一年間，每三個月召開一次董事會，每個月召開一次常董會（有董事會當月未安排常董會），與該公司制定的董事會規則規定一致。應當注意的是，有些公司的章程雖沒有規定董事會議的召開事宜，但公司另定了董事會議規則，對董事會議的召開及流程等作了更詳細的規定，如四川水泥、民生實業、聚興誠銀行等。

從公司檔案中看，陪都時期公司召開董事會議或董監聯席會議是比較頻繁的，具體情況如下表：

董事會開會頻率統計表

公司名稱	董　事　會	董監聯席會	說　　明
川康平民銀行		37.4.30～38.9.22 第 56～64 次	董事會表現為董監聯席會，平均每 2 個月一次

華福捲煙廠	31.5.10～32.9.20 4 次	32.12.8～34.6.15 5 次	平均每 4 個月一次
大川銀行	35.8.1～38.4.8 5 次	33.2.29～35.6.22 14 次	開會時間不均勻，民國 33～35年間接近每月一次
復興隆煤礦	33.12.10～34.10.10 11 次	35.9.12～37.7.21 10 次	民國 33～34 年間接近每月一次 民國 35～37 年間約每 2 個月一次
火柴原料廠	29.5.17～37.12.06 22 次	30.12.1～31.10.27 6 次	約每 2 個月一次
聚興誠銀行	27.1.21～27.12.21 11 次	33.11.21～35.7.17 13 次 37.8.6～38.3.26 9 次	約每月一次
四川水泥		25.11.18～28.11.1 23 次 29.3.28～32.3.10 7 次 32.4.2～36.5.23 15 次 36.6.14～36.12.16 4 次	約每月一次
義生貿易		30.2.24～37.11.23 15 次	約半年一次
中國紡織企業	31.10.2～33.4.13 5 次		約半年一次

說明：
公司的董事會和董監聯席會一般是相同的，只是在不同的時期改了稱呼。
以上數據為隨機選取公司並截取每一公司的某一段時間進行統計，因檔案不完整，加之有些公司的董事會又有屆、次之分，無法進行全面統計。

　　雖然公司法對於董事會召開的頻率並無規定，但對於某些特殊行業的公司，政府要求按期召開董事會，如下列大川商業銀行檔案反映出財政部要求銀行業每月開一次董事會：

　　重慶市銀行商業同業公會通知

　　事由

　　奉財政部訓令銀錢行莊董監事會之召開應按期舉行至少每月開會一次，並應於每次會閉十日，將會議記錄呈轉以憑考核……由

案奉

財政部三十三年一月十三日渝錢丁字第四七五八二號訓令開：「查
銀錢行莊董監事會之召開各行莊章程內多有明文規定自應按期舉
行，如章程內並無明文規定期次者亦應至少每月開會一次並應於每
次會閉十日內講會議記錄呈轉本部備查以憑考核，其董監事會組織
尚欠健全者並應充實健全以利行務，除分令外合行令，仰該公會轉
行會員行莊遵照辦理，此令　等因奉此除分知外合行通知查照爲荷
右通知
大川銀行
理事長　康心如　（中華民國三十三年一月十八日收到）

　　四川絲業、和源實業少數幾家公司的章程還區分了董事常會和臨時會，
大川商業銀行和中國火柴原料廠兩家的章程還進一步規定，如遇緊急事項或
董事五人以上之請求，得開臨時會議。復興隆煤礦董事會議規則則規定經三
分之一以上董事之請求得開臨時會議。之所以要限定五人以上或三分之一以
上的董事，應當是公司董事較多，開會不易，故對提議人數有所限制。如大川
商業銀行和中國火柴原料廠兩家公司當時章程載明的董事分別是19人和15人。

　　關於董事會的組織，還有一個問題是董事會主席人選的確定。當時的公
司法對此沒有規定，但陪都時期公司章程對此大都有規定。26 家公司中，有
11 家對董事會主席的確定方式進行了明確規定，均規定董事長爲主席，缺席
時由常務董事中公推一人代理，僅有二例是副董事長直接代理，當時副董事
長還不普遍。一般而言，董事長是當然的會議主席，只是不同公司對於董事
長不能履行職務時的代理問題有不同的規定。

　　董事長和常務董事是董事會的核心部分。董事長雖爲董事個體，但其存
在的目的是爲了董事組織成爲集體行使職權，故歸於本節論述。

　　1914 年《公司條例》和 1929 年《公司法》並未規定董事長這一職務。
1946 年《公司法》首次規定，公司可依章程由董事互推一人爲董事長代表公
司（也可推常務董事代表公司），董事長須有中華民國國籍並在國內有住所。
從陪都時期公司章程看，無論 1946 年前後，一般都規定了董事長職務，其
中，中國火柴原料廠和中國紡織企業還規定設副董事長一人，目的是於董事
長有事故時代行董事長職責。陪都時期公司章程規定，董事長的產生一般有
以下幾種方式，如下表（爲製表方便，常務董事一併列入下表，後文再分析）：

章程中董事長、常務董事產生條款統計表

公司簡稱	內　　　容
火柴原料	董事會設董事長一人、副董事長一人，由董事互推之
建川煤礦	董事會董事長 1 人，常務董事 3 人，除常務董事至少有 1 人由資源委員會指派外，餘由董事互選。
華安礦業	董事會設常務董事五人由董事會於董事中選舉之並就常務董事中選舉一人為董事長。
濰昌紡織	董事會設董事長一人，由董事互選之，董事會以董事長為主席，董事長缺席由董事中公推一人為主席
三才生煤礦	董事組織董事會，互推一人為董事長，設常務董事五人（董事長當然為常務董事）其餘四人由由董事中選任。董事會及股東大會以董事長為主席，董事長因事不能出席時由其他常務董事互推一人代理。
四川水泥	設常務董事三人，董事長就常務董事中選擇任之。董事開會，董事長為主席，不能出席時常務董事中之一人代之。
川康平民商業銀行	24 董事組織董事會設常務董事 5 人由董事會就董事中選舉之設董事長一人由董事會就常務董事中選舉之
四川絲業	第二十四條 董事 會設常務董事十一人由董事會就董事中互選之，自決總經理臨時商陳事件，設董事長一人由董事就常務董事中選任之
重慶輪渡	董事任期 2 年，監事任期 1 年，得連選連任。董事長 1 人，常務董事 2 人，均由董事互選之。
集成企業	第二十三條 董事互選常務董事五人再由常務董事互推董事長一人，代表主持業務規劃但重大事件項由常務董事開會決定
天原化工	23 ○○應立董事會設董事長一人，常務董事二人由董事互選之，董事會會議規則另定之 24 監察人得出席董事會陳述意見但無議決權
川康興業	33 董事會設常務董事 7 人由行政院指定 5 人其餘 2 人由商股董事互選之，並由行政院就常務董事中指定 1 人為董事長 34 董事長執行股東會之決議總攬公司事務為董事會董監聘聯席會議及股東會之主席並對外代表本公司
華福捲煙廠	第二十二條 本公司董事任期三年，由股東會就股東中選任之，凡股東皆可當選；董事會推選常務董事九人；互選一人為董事長
義大煤礦	24 董事會設董事長一人常務董事二人由董事會就董事中互選之 董事及監察人之職責依公司法之規定
中國工礦建設章程設立	第二○條董事 組織董事會互選 三人至五人為常務董事並由常務董事互推一人為董事長

中國工礦建設修改	第二〇條　董事組織董事會互選　五人至九人為常務董事並由常務董事會互推一人為董事長
中國紡織企業	23　〇〇設常務董事十一人由董事互選之
	24　〇〇設董事長一人副董事長一人由董事會就常務董事中推選之
	25　董事長執行股東會之決議仟持公司事務為董事會及股東會之主席並對外代表本公司副董事長於董事長請假時代理其職務
人川商業銀行	32　董事會設常務董事五人由董事互推之，設董事長一人由常務董事互推之，其任期均為三年
	33　本銀行董事常務董事董事長名單應呈報財政部經濟部備案
	34　董事會每一個月開常會一次如遇緊急事件或董事五人以上之請求得開臨時會議均以董事長為召集人並為主席董事長不能出席時推常務董事一人代理之
	35　董事長對外代表本行並與常務董事常川駐行處理董事會日常事務
天府煤礦	董事中互選一人為董事長四人為常務董事
民生實業37	第二十條　董事互推九人為常務董事。常務董事再推一人為董事長。
民生實業33	第二十條　董事互推九人為常務董事，常務董事互推一人為董事長。
華盛企業	仟之凡股東皆可當選董事會推選董事長一人　常務董事四人
	董事會每月召開一次必要時得開臨時會均由董事長召集之
聚興誠銀行47	董事組織董事會互選五人為常務董事並由董事就常務董事中選舉一人為董事長代表公司）
	本銀行所選任之董事總經理副總經理及經理均應報請經濟財政部備案）
聚興誠銀行	第二十一條　董事會設常務董事三人由董事會就董事中選舉之設董事長一人由董事會就常務董事中選舉之。
北川民業鐵路	第二十七條　董事會就董事中互推一人為董事長
	第二十八條　董事會每月至少須舉行兩次由董事長召集之
和源實業	第二十二條　董事組織董事會以行使董事職權，並互推五人為常務董事，再就常務董事互推一人為董事長。
寶豐實業	第二十條　董事會設董事長一人，由董事互選之，開會時以董事長為主席

　　從上表看，關於董事長的產生方式，多數章程規定由董事互推；如有常務董事，則有些章程規定應從常務董事中選舉董事長，如華安礦業、四川水泥、中國紡織企業、聚興誠銀行、和源實業，全體董事都有選舉權；有些公司章程雖規定了常務董事，但董事長仍由全體董事互相推選，如三才生煤礦、義大煤礦、天府煤礦、華盛企業等；有些公司章程規定先選常務董事，再由

常務董事選舉董事長，如集成企業、華福捲煙廠、中國工礦建設（1946 年後修改版本）、大川商業銀行、民生實業。

在公司董事會以記錄等檔案資料中，董事長職務也普遍出現，選舉董事長的情況也比較常見，例如：復興隆煤礦於民國 35-12-22 召開的董監聯席會議案：

一、選舉董事長及常務董事應採用何種方式案。

決議：採用票選方式選舉之，監選人由監察擔任

可見，各公司大都根據自身情況設定了產生董事長的規則。

常務董事制度是民國時期（含陪都時期）公司在實踐中發展起來的一種很有特色的實用的制度，並爲立法所採納。1914 年《公司條例》和 1929 年《公司法》並未規定常務董事。1946 年《公司法》首次規定，公司得依章程由董事互推一人爲董事長或數人爲常務董事代表公司，董事長及常務董事均須在國內有住所。

在 1946 年《公司法》頒行之前，大多數公司章程就已規定了常務董事制度。在筆者統計的 26 份公司章程中（含 5 家 1946 年後制定的章程），有 21 家均規定了常務董事。常務董事的產生辦法，在上述統計表中已有體現。關於常務董事的數量，一般占全部董事數量的五分之一到二分之一之間，如下表：

公 司 名 稱	董事	常董	公 司 名 稱	董事	常董
建川煤礦	15	3	川康平民商業銀行	15	5
華安礦業	15	5	四川絲業	25	11
三才生煤礦	9	5	重慶輪渡	9	2
四川水泥	11	3	集成企業	11	5
天原化工	5	2	川康興業	25	7
華福捲煙廠	19	9	中國工礦建設修改後	27～31	5～9
中國紡織企業	19	11	中國工礦建設設立時	9～15	3～5
大川商業銀行	15	5	天府煤礦	15	4
民生實業	25	9	聚興誠銀行	11	3
和源實業	17	5	注：中國工礦建設規定的數字是浮動的		

關於常務董事的職責，上述各章程都沒有明確規定，僅有兩家有簡單描述：

　　四川絲業章程描述為，「自決總經理臨時商陳事件」，即隨時就總經理報告的事件作決定。集成企業章程描述為，董事長代表主持業務規劃，但重大事件項由常務董事開會決定。

　　一些公司的董事會規則對常務董事的職權作了詳細規定，如復興隆煤礦。為更好地說明問題，以下將復興隆煤礦董事會規則規定的董事長職權、常務董事職權、一般董事職權一併列出，比較如下：

第十六條：董事長辦理左列事項：

一、股東會決議案之執行。

二、本會決議案之執行。

三、業務計劃之審核。

四、重要章則契約之審核。

五、預算決算及月計之審核。

六、經費開支之監督。

七、業務之監督及指導。

八、對外代表本公司商理一切重要事項。

九、公司重要職員之考勤考績。

十、公司重要職員任免遷調之擬議。

十一、股東會議及董事會議之主持。

十二、重要章則契約文件及表冊簿之管保。

十三、其他重要事項之商理。

第十七條：常務董事辦理左列事項：

一、協同董事長執行股東會之決議案。

二、協同董事長執行本會之決議案。

　　（第三至第六項同董事長第四至第七項）

七、本會指派對外辦理某項重要事項。

八、公司重要職員成績考核之擬議。

九、本會文書之商理。

十、其他有關事項。

第十八條：董事辦理左列事項：

一、協同董事長執行股東會議之決議案。

二、協同董事長執行本會之決議案。

（第三至第九項同常務董事第三至第八及第十項）

由上可見，除了協助董事長之外，常務董事職權比董事長少的是關於重要職員任免的擬議，而其職權比一般董事多的也只是「文書之商理」。規定雖詳細，而職權界限仍不清晰。四川水泥董事會規則僅簡單規定：本公司常務董事對於應本公司及工廠內一切文件表冊皆應簽字蓋章，常務董事每周應會同總經理及廠主任將一周內發生事件以書面報告本會一次。這一規定明確了常務董事的簽署文件義務和每周報告義務，反而更為實際。聚興誠銀行董事會規則規定，常務董事應隨時到行辦公，遇有重要事件可由常務董事過半數之同意辦理後，提交董事會追認之。該規定賦予了常務董事會臨時決斷的權利。民生實業董事會規則則規定每月舉行常務董事會議一次，三個月舉行董事會一次。

從上述董事會規則看，常務董事的特點還是在「常」字，常到公司，常履行職務。由上一節關於董監報酬的介紹，可知常務董事的輿馬費一般高於一般董事，就是體現了對常務董事的回報。

董事會的召集、通知、委託出席是董事會組織規則中的重要組成部分。關於董事會的召集，與股東會的召集不同，公司法對董事會的召集辦法並無規定。陪都時期公司章程中，僅有川康平民商業銀行、華福捲煙廠、中國工礦建設、中國紡織企業等少數幾家規定由董事長召集，另所查公司檔案中僅有的四家公司的董事會議規則（復興隆煤礦、四川水泥、民生實業、聚興誠銀行）均規定董事會由董事長召集。但沒有任何文件規定由董事長之外的人召集。

從公司檔案看，一般只有署名為董事會發給董事的會議通知。由常理可知，大部分公司的章程沒有明確規定由董事長召集董事會，應當是認為這是不言自明的慣例。故筆者認為，董事會的召集人通常應為董事長，或代行董事長職務的常務董事、董事。董事會的通知一般通過函件書面通知。

關於董事委託他人代為參加股東會，陪都時期 27 家公司章程中，大多數都沒有規定，僅四川水泥、四川絲業、川康興業三家有規定，均限定只能委託其他董事代表，但每董事以代表一人為限。公司檔案中，委託出席的資料有一些委託其他董事出席的函件。如強華實業檔案中的一份委託函：

> 瑾瑩吾兄大鑒，頃接強華公司董事會函，定於十月十一日開董監聯
> 席會，弟因事不克參加，……請吾兄代表出席，特為委託……

弟傅汝霖　謹啓　九月二十七日

關於董事會的開會程序，與前文介紹的股東會程序類似，董事會一般也包括以下流程：

推舉主席（如需）——行禮如儀——主席報告董事及列席人員到會情況——報告事項——決議事項——臨時動議——散會。

茲舉一例如下：

復興隆煤礦公司第二屆第一次董事會議記錄

時間：三十三年四月十日午後六時

出席人數：九人　列席人數：二人　主席：周璧光 代

一、行禮如儀

二、主席報告：今天是本公司第二屆第一次董事會議董事暨監察到齊並無一人缺席

三、董事長周秉粟報告：今天本人因精神欠佳經提請公推周董事璧光代理主持會議。

今天本人報告的事項：……

四、經理周文祥報告：……

五、決議事項：……

六、臨時動議

一、董事長提議：……

二、周董事宗武周董事還浦等提議：……

從公司章程看，董事會主席通常直接由董事長擔任。在 26 家公司章程中，有 11 家對董事會主席的確定方式進行了明確規定，均規定董事長爲主席，缺席時由常務董事中公推一人代理，還有二例是副董事長直接代理。上例的情況是董事長因病委託他人主持會議，但仍需「公推」，比較規範。應當注意的是，上述 26 家章程中有 10 家明確規定董事會議表決「可否同數時取決於主席」，而復興隆煤礦、四川水泥、民生實業的董事會議規則中也有這一規定。儘管章程中有此規定的占少數，但不排除另有規則筆者未能查閱。總之，賦予主席這一「特權」的做法在當時並不少見。

關於董事會的表決規則，陪都時期的公司法僅規定過半數通過，但對於出席人數沒有明確規定。從陪都時期公司章程看，26 家章程中有 13 家有明確規定，具體如下表：

章程中董事會表決規則條款統計表

公司簡稱	內　　容
華安礦業	第二十一條　董事會之決議以董事過半數之出席，出席董事過半數之同意行之。
灘昌紡織	董事會非有過半數之董事出席不得開議其議決事項，以出席過半數之同意決之
三才生煤礦	董事會以董事過半數行之其決議，由出席董事過半數行之，可否同數時取決於主席。
四川水泥	董事開會，須有董事過半數出席，董事有事不能出席得委託其他董事代表，但每董事以代表一人為限。其決議以出席董事過半數行之，可否同數時取決於於主席。
川康平民商業銀行	25 董事會開會以董事過半數出席行之其決議以出席董事過半數之同意行之可否同數時取決於主席
四川絲業	第二十七條　董事會開會以董事過半數出席行之董事因故不能出席時得委託其他董事代表但每董事以代表一人為限其決議以出席董事過半數行之可否同數時取決於主席
集成企業	董事會開會以董事過半數出席行之，並以出席董事過半數為表決，可否同數時取決於主席如所議事項關涉董事本身者應迴避之董事會議之記錄由到會董事署名保存於本會
川康興業	36 董事會由董事長召集，以到會之多數表決為決議，可否同數時取決於主席，但到會董事不及半數以上時不得決議。 50 董監聯席會議由董事長召集之，以多數取決，可否同數時由主席決定之，但到會董事監察人須各有半數以上方得決議，其議事錄由到會董事監察人簽名或蓋章交董事會保存
華福捲煙廠	第二十六條　董事會之決議應由董事過半數之出席及出席董事過半數之同意行之可否同數時取決於主席
中國紡織企業	26 董事會由董事長召集之須有董事過半數之出席方得開議須有出席董事過半數之同意方得決議可否同數時取決於主席
華盛企業	第二十條　　董事會之決議應有董事過半數之出席及出席董事過半數之同意行之可否同數時取決於主席。
聚興誠銀行	第二十三條　董事會開會以董事過半數出席行之其決議以出席董事同意過半數之可否同數時取決於主席。
和源實業	第二十四條　董事會開會時須有過半數董事之出席，出席董事過半數之議決方能生效。

從上表看，董事會表決規則一般為為董事過半數出席、表決過半通過；其他公司的章程雖無規定，但大多應當是另行制定了董事會規則，或從此慣例。特別值得注意的是，有多家公司規定「可否同數時取決於主席」，賦予了董事會主席在特定情況下的「雙票權」。

關於董事會的決議錄，陪都時期公司法對此沒有規定，公司章程中也僅有少數幾家有規定，如華安礦業章程規定，「董事會之議決事項應作成決議錄由主席署名蓋章連同簽到簿保存備查。但從陪都時期公司檔案看，董事會決議記錄是最豐富、最完整的部分，前文列出的董事會議頻率統計表，主要是依據董事會決議錄而整理的。

二、董監聯席會議

董監聯席會議是陪都時期公司一種特別的會議形式。雖無公司法規定為依據，但在實踐中相當常見，以下結合陪都時期公司章程和公司檔案作簡單介紹。在陪都時期公司章程中，僅有兩例有相關規定，其中一家為川康興業章程，內容比較完備：

第七章　董監聯席會議

49　董事監察人得開聯席會議其職權如左

關於公司之重大起草事項

關於特別公積金股東紅利及董事監察人公司員工酬勞金之分配

關於董事會不能裁決之權限爭議

關於董事長常務董事常駐監察人總經理薪俸及董事長總經理交際費董事監察人輿馬費之議定事項

50　董監聯席會議由董事長召集之，以多數取決，可否同數時由主席決定之，但到會董事監察人須各有半數以上方得決議，其議事錄由到會董事監察人簽名或蓋章交董事會保存

51　總經理協理得列席董監聯席會議但無表決權

由上例可見，該公司的董監聯席會主要目的是解決董事會解決不了的問題，要點是監察人也有表決權。

北川民業鐵路章程則只是簡單規定，董事會時經理及監察人列席而無表決權，但董監聯席會議不在此列。推測其文意，應為監察人在董監聯席會上享有表決權。

從公司檔案看，在近 30 家會議記錄資料較多的公司中，超過半數都有董監聯席會的記錄，而且有些公司還開得相當頻繁和有規律。特別值得注意的是，這些公司的章程中沒有關於董監聯席會議的規定。例如，大川商業銀行於民國三十三年幾乎每個月開一次董監聯席會，而其章程並無此規定。

更重要的是，董監聯席會討論的事項十分廣泛，與董事會職權範圍內通常應討論的事項高度重合，例如：義生貿易在民國三十年二月至民國三十三年一月兩年間召開了八次編號連續的（第二次至第九次）董監聯席會，平均三個月一次，議程包括：夏協理代總經理報告業務、盈餘分配案、確立營業方針案、調整待遇案等，都是一些比較平常的事項。筆者認爲這應當是董事會與董監聯席會的混同。

另一個例子是中國紡織企業檔案中有一份「第四次董事會會議議程」，而又有一份「第四次董監聯席會議記錄」，二者記載的討論事項基本相同，可見該公司董事會與董監聯席會混同。

當然，不排除這些檔案中仍有一些如上例川康興業規定的董監聯席會的案例，但無法完全確定。總之，董監聯席會議有前述兩種不同的情況，這是無疑的。

三、董事會的職權範圍

（一）關於陪都時期公司董事會職權的章程規定與典型案例。從陪都時期公司章程和董事會規則等文件看，董事會的職權範圍比較廣泛，具體如下表：

章程中董事會職權條款統計表

公司簡稱	內　　　容
火柴原料	公司內部組織系統及辦事細則由總經理擬定提請董事會決定 如設立分廠、辦事處由董事會決議；
建川煤礦	董事會職權： 召集股東會和執行股東會決議，審定提交股東會各項報告及提議事項，訂定公司重要章程並核定公司重要業務方針，審定公司預算決算，選舉或解聘總經理協理並審定其他重要職員。
濰昌紡織	董事會每三個月開會一次，決議一切公司進行方針並由經理報告營業情形
三才生煤礦	董事會之職權：1 召集股東會，2 總經理協理之聘任解任，3 核定營業計劃，4 擬具盈餘分配案

江北／江合煤礦	董事之執行職務以會議行之其權限如左： （一）審議每月月結及年終營業報告並各項簿冊 （二）議定設立分支或工廠及其撤銷或變更 （三）議定業務用地之租借建築或買賣 （四）議決訂定關於營業各項契約及職員輿費薪資 （五）議決取得採礦權或採礦權及其停止或廢除 （六）議決興革本公司內外一切利弊事件
川康平民商業銀行	27 由董事長代表董事會總理全行事務其職務權限規定如左 一、指導並監督行員 二、任用及黜陟行員 三、召集董事會 四、編訂各種細則
四川絲業	第二十二條 董事會之職責如左： 一、對外代表公司 二、經理人選任及解任 三、召集股東會 四、核定本公司出入款項及一切賬據 五、議決應興應革事件 六、視察營業概況 七、監察執行決議案
重慶輪渡	董事會職權：對外代表公司，經理人選及解任，召集股東會，核定公司出入款項及一切賬戶，議決應興應革事件，視察營業狀況，監視執行決議。
集成企業	第二十四條 董事會之職權如左 一、審定公司之業務方針及進行計劃 二、審定各項章程 三、議定分公司或辦事處之設廢及裁併 四、審核或訂立對外之重要契約 五、核定總公司重要職員之任免 六、審定預算決算之各項表冊及營業報告書 七、議定股東常會或臨時會之召集 八、議定本公司需用之地基房屋租借建築或買賣 九、裁決各部分之權限爭議
天原化工	20 董事會之事務 執行股東會各項決議事務 召開股東會及審定各項提案 決定公司重要事務 審核公司各項規則及契約

川康興業	35 董事會之職權如左 一、業務計劃及投資辦法之決議 二、各項章則契約之審定 三、預算決算之審定 四、議決分公司及辦事處之設立及裁併 五、議決總經理協理之職任或改聘暨各部處室各分公司及辦事處主要職員之任免 六、議定股東常會或臨時會之召集
華福捲煙廠	第二十一條 本公司設董事十九人組織董事會決定公司營業方針及重大問題
義大煤礦	28 董事及監察人之職責依公司法之規定
中國工礦建設設立版	第二二條 董事會之職責如左： 一、股東會決議事項之執行 二、業務方針之決定 三、各種章則之審定 四、重要契約之審核 五、預算決算之核定 六、業務報告之審查 七、高級職員之任免 八、購買不動產之決定 九、股東會之召集 十、其他重要事項之審定
中國工礦建設修改版	第二二條 董事會之職責如左： 股東會決議事項之執行 二、業務方針之決定 三、各種章則之審定 四、重要契約之審核 五、預算決算之核定 六、業務報告之審查 七、高級職員之任免 八、購買不動產之決定 九、股東會之召集 十、其他重要事項之審定
富源水力發電	第十六條董事會辦事細則由股東會另定之；經理副理廠長及其他職員辦事細則由董事會另定之
中國紡織企業	28 董事會之職權如左 營業計劃之決定 各種章則及重要契約之審定

	總經理協理總稽核副總稽核人選之決定 各項工廠及分公司辦事處設置裁撤或變更之決定 預算決算之審定 股東常會或臨時會之召集
大川商業銀行	36 董事會之職權 各項規章之審核 業務方針之審定 分支行處設立移發之決定 預算決算值審定 特殊重要之放款及契約之審核及決定 營業用房地產購置與建築之議定 其他重要事項之審議
民生實業	第二十條 董事之職權如左． 對外代表公司 經理人選任及解任 召集股東會 核定本公司出入款項及一切賬據 決議應興應革事項 視察營業狀況 監視執行決議案
民生實業	第二十一條 董事會之職權如左： 對外代表公司。 總經理副總經理之選任及解任。 召集股東會 核定本公司出入款項及一切賬據。 議決應興應革事件。 視察營業狀況 監視執行決議案。
北川民業鐵路	第三十條董事會之權責如左 一、審核公司收支款項及一切賬據 二、調查詢問公司營業狀況 三、提出應興應革事項督促經理執行 四、定期召集股東會 五、議定本公司辦事細則及其他條例規則 六、任免經理職務

　　上表所列各項董事會職權十分廣泛，尤以江北／江合煤礦章程規定較為典型。值得注意的是，設立分支機構屬於投資行為，按當代公司運作常理應由股東會決定，但江北／江合煤礦章程規定為董事會職權，另有多家公司章程也有同樣規定。職員薪資，如果是一般職員，依當代公司運作慣例多由總經理決定，但江北／江合煤礦章程規定為董事會職權。江北／江合煤礦章程規定的董事會職權第（六）項「一切利弊事件」的提法賦予了董事會極為寬泛的權利，進一步擠佔了總經理的職權空間。

　　再來看看四川水泥的董事會規則：

　　第二條　本會職務如左
　　（一）審定本公司營業方針
　　（二）裁決分公司或分銷處之設立及撤銷
　　（三）決定本公司重要職員之任免及懲獎
　　（四）對外重要契約之訂立
　　（五）核定本公司一切經常支出之預算
　　（六）規定本公司一切章程規則
　　（七）審定本公司年終決算報告
　　（八）股東會之召集
　　（九）決議其他關於董事會應議之事項

　　上例有以下幾點值得注意，一是除了分支機構設立撤銷等職權外，董事會職權全面涵蓋了人、財、業務各個方面。二是上述第（一）項「審定本公司營業方針」應屬股東會決議事項，但在前文關於股東會職權的論述中，筆者已介紹，陪都時期公司股東會很少討論營業方針問題。上述第（五）項，經常支出的預算，一般應屬總經理決定事項。本例說明該公司董事會的職權已經越過了正常的邊界。

　　綜合陪都時期公司章程和董事會規則有關董事會職權的規定，陪都時期董事會的職權包括：

　　1. 法定職權，主要是召集股東會和執行股東會決議、初步審定預決算及其他提交股東會各項報告。

　　2. 制定或審定內部各機構辦事規則，如中國火柴原料廠章程規定，「公司內部組織系統及辦事細則由總經理擬定提請董事會決定」；富源水力發電章程規定，「經理副理廠長及其他職員辦事細則由董事會另定之」。

陪都時期公司檔案中，相關例子也較多，如民國三十五年五月二十一日中國火柴原料廠董事會，討論主題為擬訂職員醫藥辦法和非常時期職員恤金條例。

3. 裁決公司各部門權限爭議。集成企業章程有此規定。這一點實際上與上項董事會制定內部機構辦事規則有關，是一種對規則的解釋行為。

4. 決定公司的營業方針。如華福捲煙廠章程規定，「董事會決定公司營業方針及重大問題」；中國紡織企業章程規定，「董事會之職權如左：一、營業計劃之決定……」。

5. 決定分支機構的設立。前文股東會一節提到天原化工召開臨時股東會上討論設立宜賓分廠的案例。但從陪都時期公司章程看，火柴原料、華安礦業、四川水泥、集成企業、寶豐實業五家公司章程規定公司設立分支機構由董事會決議確定。聚興誠銀行的董事會規則也有類似規定。陪都公司檔案中也有相關案例，如民國三十二年二月二十六日中國紡織企業第三次董事會議記錄：

「……四　據吳總經理陳報，已於三十一年十二月設立湖北老河口辦事處，請予備案；又以業務需要，擬在西安設立分公司，擬請分別准予備案及設立案

決議：准予備案及設立……」

儘管已確認由董事會決定分支機構設立的公司只有幾家，但筆者認為董事會決定分支機構設立的情況應當比由股東會決定的更常見，其理由是沒有發現公司章程或內部文件規定由股東會決定分支機構設立的情況。雖不排除筆者查閱資料不全的可能，但更大的可能是不在章程中規定分支機構設立事宜的公司沒有設立分支機構的預期，所以沒有考慮到。

6. 人事任免，主要是對高級管理人員的任免。

根據筆者對陪都時期 27 家公司章程的考察（統計表見附錄十四），陪都時期公司董事會對總經理及眾多管理人員都享有任免權。分述如下：

（1）總經理：均由董事會聘任，其中：

江北（江合）煤礦、四川水泥、中國工礦建設章程設立、華盛企業章程規定總經理須從董事中產生；

川康興業、義大煤礦、大川商業銀行章程規定董事長有提名權。

（2）協理（副經理）：均由董事會聘任，其中：

江北（江合）煤礦章程規定協理須從董事中產生。

義大煤礦、大川商業銀行章程規定協理由董事長提名

（3）總工程師：一般由董事會聘任，但有兩個例外：

中國紡織企業的總工程師由總經理陳明董事長核定並報請董事會備案；

北川民業鐵路的總工程師由總經理簽約聘任，但需董事會同意。

以上兩例實際上還是董事會最終決定。

另，義大煤礦章程規定總工程師由董事長提名

（4）襄理，一般由總經理提請董事會任免，但：

四川絲業章程規定由董事會決議行之，未規定需總經理提名；

中國紡織企業的襄理由總經理陳明董事長核定並報請董事會備案。

（5）總稽核、會計處長／主任

建川煤礦章程規定，會計處長由董事會聘任

三才生煤礦章程規定，會計主任任免由總協理提請董事會行之。

川康興業、華福捲煙廠、中國紡織企業、華盛企業章程規定，總稽核由董事會聘任，其中、川康興業、華盛企業章程規定由董事長提名

（6）其他重要職員：主要是礦長、廠長、工務長及部門負責人

26家公司章程中，大約19家提到了重要職員任免，其中15家，如華安礦業、灘昌紡織、三才生煤礦、集成企業等的章程規定雖具體措辭有別，但基本安排都是由董事會（川康興業為常務董事會）決定，只有四川水泥、江北／江合煤礦等4家公司章程規定總協理之外的職員由總經理決定。

中層幹部是總經理有效實施管理的重要支持力量，其的選定應當是總經理的職權，但實際的情況是大部分公司都將這一職權收歸董事會行使。

7. 重大契約的簽訂、不動產的購買及租賃等重大事項。

8. 對外代表公司。

四川水泥、重慶輪渡、民生實業的章程都規定董事會職權之一是對外代表公司。當時公司法的規定是公司可指定董事或董事長對我代表公司。董事會對外代表公司的提法雖然不太規範，但反映了實際的情況和人們的心理。

9. 監督經理人工作。這就包括從細節上監督甚至干預、取代經理人的工作。

如前文所舉復興隆煤礦董事會規則中，董事會及董事長職權均包括審核月度財務報表，而根據對該公司董事會議記錄的考察，筆者確認該公司確實

每月都開了董事會，並且審核上月財務報表是例行事項，可謂不厭其煩。

再如四川水泥的董事會有權核定「一切經常支出之預算」，江北／江合煤礦董事會有權決定「內外一切利弊事件」，都是董事會權力膨脹的例子。

陪都時期公司檔案中，董事會討論人事任免的例子很多，如：

民國三十年十月二十日，建川煤礦第一屆董監聯席會議程之一是「選聘總經理、協理，聘任會計處長，通過公司重要職員」。

四、從董事會與股東會、經理人的權力邊界看董事會的中心地位

根據董事會職能的不同，全美公司董事會聯合會（NACD）將董事會分成四種：底限董事會、形式董事會、監督董事會、決策董事會。底線董事會事僅僅為了滿足法律上的程序要求而存在的；形式董事會則僅具有象徵性或名義上的作用，是比較典型的橡皮圖章機構；監督董事會的職責是檢查計劃、政策、戰略的制定、執行情況，評價經理人的業績；決策董事會負責參與公司戰略目標、計劃的制定，並在授權經理人員實施公司戰略的時候按照自身的偏好進行干預〔註1〕。

如果借用上述劃分標準來衡量，陪都時期公司的董事會應當屬於典型的「決策董事會」，明顯處於公司法人治理結構的中心地位。以下就董事會與總經理、股東會兩個方面的關係，分別作更深入的闡述：

（一）**董事會與總經理**。陪都時期公司的董事會在職權、地位和作用方面，全面地壓過總經理。「總經理負責制」更為普遍的提法值得商榷。理由如下：

1. 從具體權力的邊界看：如上所述，董事會無論是在權力範圍的廣泛性，還是在人事任免、財務支出等具體權力的強勢方面，都明顯超過了總經理。公司章程和內部規則對總經理職權的規定是概括和模糊的，「綜理一切事務」而又要依法執行董事會決議，其結果是主動權在董事會手裏。

2. 從地位上看：陪都時期公司章程的體例，一般是在「股東」一章後將「董事」單列一章，而將總經理與其他管理人員一併列入「職員」一章，將雇傭關係、上下級關係表達得比較明顯。還有一個證據是，在陪都時期公司章程規定的盈餘分配方案中，大多單列「董監酬勞」一項，而不單列經理酬

〔註1〕　李雨龍：《公司治理法律事務》，北京：法律出版社，2007年版，第98頁。

勞一項，經理只能在「職員酬勞」中與其他職員分享酬勞。

當然，在 1946 年《公司法》將經理人單列一節，也反映了經理人地位逐漸提高的事實。在 26 家陪都公司章程中，也有少數公司將經理酬勞單列出來的，如瀠昌紡織、天原化工單列經理酬勞占可分配盈餘的比例分別為十五分之一和十八分之一；另有四川水泥等六家公司章程將經理與其他職員並提，如義大煤礦章程的提法為「總協理總工程師及職員紅酬百分之二十」。

3. 從行使職權的具體活動看，公司檔案反映總經理活動的文件主要是具體事項的執行，典型的如民國三十年五月川康平民商業銀行總經理宓芷邨的當月信件檔案：

216 卷 總經理信件	30 年上期
5.28 周金坤	職務，薪津（5.23 日周來信抱怨）
5.28 致袁澤安	用車（代雇車）解釋
5.28 致袁玉麟，	介紹借款（袁為成都分行經理）
5.23 致袁玉麟，	討論「蓉行」「業務」等
5.23 丁少鶴	討論股本驗資及業務問題
5.19 鍾紹虞	解釋用車問題
5.17 劉載滋	「有折無賬」事件問題
5.14 袁經理（澂濤）	「經營貨物」建議之溝通
5.14 袁玉麟	業務問題
5.12 宓芷邨致張念祖	關於瀘行錯賬問題
5.12 宓芷邨致尹伯端	（學生）回覆託人漲工資問題
5.12 宓芷邨致王退思	匯兌
5.12 宓芷邨致謝霖甫校長，送樹八顆	
5.12 宓芷邨致丁少鶴，聯繫送成都光華大學開花樹 8 顆	
5.5 劉載滋	滬行錯賬問題
5.5 陳允文	存款準備頭寸等業務問題
5.1 陳允文	頭寸業務問題
以上為宓芷邨寫信給他人	

由上例可見，該銀行總經理十分繁忙，但主要是從事事務性的工作。

4. 即使存在某些公司總經理影響力較大的情況，也不宜認定其實行的是

「總經理負責制」，典型的如民生實業。以民生實業而言，盧作孚先生是憑藉個人的能力和品德贏得信任，其中也有個人感情的因素。據陪都時期民生公司原人事股長陳代六老先生介紹，當時的民生實業大股東很多都是合川的，對於合川除了盧作孚這個人才很自豪，很支持他的工作。討論公司法人治理結構，不需要把非資本的因素與法人治理完全對立起來。特別值得注意的是，儘管盧作孚先生威望很高，但該公司仍然有規律地召開每月開常務董事會，每三個月開董事會。前文引用的該公司會期表與該公司董事會規則完全一致，可見其董事會規則得到了良好的執行。除了擔任民生實業總經理外，僅在筆者查閱的 40 家檔案中，盧作孚先生就至少還江北煤礦、四川水泥、富源水利發電、天府煤礦的董事長或董事，而盧先生實際任職的公司遠遠不止這五家。如果沒有正常運行的法人治理結構，盧作孚先生恐怕難以兼顧這麼多公司。建立良好的制度，並尊重制度，是盧作孚先生最成功的地方之一。

5. 這一狀況與當時各國公司法人治理機構的演變階段相吻合

自 17 世紀以來，公司法人治理結構的理論經歷了一個「股東本位主義—董事會中心主義——現代股東大會中心主義／利益共同體主義」的演變過程。傳統的公司法人治理結構源於 1600～1602 年英國和荷蘭的特許貿易公司。這時的物質資本在公司經營中佔據主導地位，公司法人治理結構表現為「股東會中心主義」，將股東利益最大化作為公司的目標，公司的事務均由股東會決定，董事會只是執行機構〔註 2〕。股東會中心主義的主要表現是：公司的董事由股東會選舉和罷免，公司增資、減資和章程的修改由股東會批准，公司經營的重大事項也要由股東會決定〔註3〕。直到 20 世紀初，英國的公司法和普通法均不承認董事會擁有獨立於股東會的權力。在德國，股份公司也充分體現了這種「股東本位」的法律結構。隨著科技的發展和競爭的加劇，技術等非物質資本因素的作用越來越重要，經理層的智力因素有時甚至超過了物質資本的作用，但經理人卻被排除在公司治理結構之外，這就造成了股東和經理人之間的衝突〔註4〕。近現代尤其是二戰以來，由於股東會中心主義不能適應公司所面臨的複雜的經營環境，董事會中心主義在各國逐漸盛行。董事會中心主義的公司法人治

〔註2〕　吳建斌：「現代公司治理結構的新趨勢」，《法學雜誌》，1999，（4），第 36 頁。

〔註3〕　韓長印、吳澤勇：「公司業務執行權之主體歸屬」，《法學研究》 1994，（4），第 83 頁。

〔註4〕　梅慎實：《現代公司機關權力構造論》，北京：中國政法大學出版社，1996 年版，第 254 頁。

理結構在一定程度上順應了現代社會市場競爭的要求。但這種模式導致公司所有權與控制權的分離，股東對公司的監控逐漸出現了弱化的趨勢，而公司經營者則可以比較自由地追求自己的目標，包括享受特權〔註 5〕。這種情況下，常常會出現公司管理人員侵害股東的權益的現象。

20 世紀 80 年代以來，由於公司對資金的需求急劇增加，機構（法人）持股占公司股份的比例顯著上升，股東重新變得強勢，這導致董事會中心主義的公司治理結構逐漸無法適應形勢發展的要求。爲此，西方國家逐步在立法上限制董事會的權力，而進一步強化股東會的權力，此消彼長之下，使得大股東對「內部人控制」的防範得到加強。有學者將這種新的趨勢稱爲「現代股東大會中心主義」的公司治理模式〔註 6〕。

從當時國際上公司治理模式的演變階段看，本文所研究的陪都時期，處於「董事會中心主義」理念在我國確立的階段，從史料看，董事會的作用也比較突出。二者是相吻合的。

6. 爲愼重起見，筆者輾轉找到了 91 歲高齡的黃汝勳老先生詢問當時情況。黃老先生於 1941～45 年期間就讀於中央大學經濟系〔註 7〕，畢業後先後在國民政府的萬州稅務系統、天津直接稅局工作，對當時的公司情況，特別是銀行系統的情況比較瞭解。黃老先生記憶力很好，思路清晰，對不少銀行的董事長、總經理姓名如數家珍。對於陪都時期公司的董事會與總經理的關係，黃老先生的第一反應是董事會比較重要，負責對總經理的任免和管理；同時，黃老先生也強調，一般公司是以總經理作爲對外代表，總經理在社會上的影響力比較大。黃老先生的說法給我們一個重要提示：當我們討論董事會和總經理的地位高低時，是站在公司經營的角度，還是站在公司內部法人治理的角度？總經理行使職權，員工和外界可以直接看到、感受到；而董事會行使職權，往往只有公司法人治理各機構感受到。相信這就是有觀點認爲近代公司採用「總經理負責制」情況較多的重要原因。而從公司法人治理結構看，顯然應當以董事會決議、股東會決議等公司內部文件爲主要依據來判斷董事會和總經理之間的地位關係。

〔註 5〕 〔美〕哈特：《企業合同與財務結構》，上海：上海三聯書店，1998 年版，第 11 頁。

〔註 6〕 李雨龍：《公司治理法律實務》，北京：法律出版社，2006 年版，第 105 頁。

〔註 7〕 據黃老先生介紹，中央大學於 1937 年底從南京遷川，借用重慶大學校址（醫學院借用成都華西醫科大學校址），1946 年遷回南京，即爲現在的南京大學。

進一步分析，本文的核心觀點之一在於「董事會中心主義」在陪都時期公司中得到了確立，這一觀點相對於「總經理負責制」在民國時期公司較多見的觀點，二者的角度有很大的不同。「董事會中心主義」是從公司法人治理結構各機關之間的關係出發，分析何者為中心；而董事長負責制或總經理負責制是對董事長、總經理兩個具體職位的重要性進行比較。應該說，就具體職位而言，總經理的實權一般大於董事長，黃老先生也提到過陪都時期某些公司由德高望重者掛名董事長而由總經理負責經營管理的案例。這與董事會中心主義並不矛盾，董事長只是董事中的一員，董事會是作為一個整體在發揮作用。如前文所述，董事會權力之廣泛、行使職權之活躍已有相當多的史料支持。筆者要強調的是，儘管「總經理負責制」的提法有一定的合理性，但並不是一個規範的分析公司法人治理結構的提法，如果對這一提法缺乏辯證的認識，可能導致對總經理在陪都時期公司中與董事會及其他公司法人治理機關的關係產生不恰當的認識。

黃老先生也提到家族對公司管理的影響，例如聚興誠銀行（楊氏家族）、美豐銀行（康氏家族），指出有些家族公司存在董事長與總經理為同一人的情況。誠然，家族勢力對公司法人治理結構的影響是客觀存在的，但筆者仍然認為這種影響是公司法人治理結構必須面對的問題，是影響而不是替代。簡言之，家族勢力在對公司法人治理施加影響時也要受到相應治理規則的制約。前文股東會一節所列聚興誠銀行小股東維權的案例就說明這一點。另一個比較典型的案例是復興隆煤礦，該煤礦為周氏族產，股東、董事及高級管理人員基本為周氏族人，但公司治理的基本規則仍在該公司得到了較好的執行，以董事會而言，常年堅持了每月（一段時期為每兩個月）開會（參見前文「董事會議頻率統計表」），會議記錄非常完整，討論事項也非常廣泛，甚至包括每月審核一次帳目；同時，對總經理的職權的限制也比較有力，甚至通過董事會決議對總經理行使職權情況進行限定（參加後文「經理人義務和責任」一節所舉案例）。

綜上，從制度安排和實際情況看，在公司法人治理結構中，董事會相對於總經理處於更主要、更主動的地位。

（二）**董事會與股東會**。股東會與董事會最基本的關係是「委任──報告」關係，其中關於責任轉移的機制值得注意。陪都時期兩部公司法均規定，股東常會前準備的各項表冊經股東會承認後，視為公司已解除董事及監察人

之責任。但董事或監察人有不正當行爲者，不在此限。儘管董事會受託於股東，要爲股東的利益而工作。但在股份相對分散的股份有限公司，爲了更有效地對公司實施經營管理，董事會的在一定程度上的集權不但可能，而且必要。在公司法人治理結構中，陪都時期公司的董事會相對於股東會也處於更重要的地位。表現在：

1. 從實踐情況看，之前已經介紹，儘管陪都時期公司的股東會能夠正常召開，但其主要是進行審核報告、盈餘分配、決議增資、修改章程等例行工作，而對於公司經營管理重大事項的決策參與很少。相反，董事會開會頻繁，議事範圍廣泛，眞正對公司的經營管理決策起到了有效推動作用。

2. 如前所述，對於分支機搆、對外投資問題，營業方針等本應由股東會決定的事項，也委之於董事會，使得董事會的主要地位成爲公司法人治理結構的一項制度安排。

3. 儘管股東會有權主動干預公司的任何重大決策事項，但由於組織、精力和股東能力等方面的制約因素，這種干預往往難以落到實處。例如，福民實業在民國三十五年三月前後召開的臨時股東會（當場改爲股東常會）上，除討論修改公司章程、改選監察人外，還討論了以下業務事項：

「……

（6）董事會提：前據表總經理報告所定美國麥粉機器兩套業經讓出一套請求追認一案經由本會議決通過報告股東會追認在案請與追認案

決議：准予追認

（7）本公司新麥粉機器五千包一套將於明春交貨，新廠地址前董事監察人聯席會議決議假定設於鎭江或江陰，由董事長總經理選定一處是否有當請討論案

決議：授權董事會愼重選定

（8）袁總經理提本公司電機碾米廠因政府停止委託加工業務清淡污蝕頗鉅故已於本年八月底結束停業請追認案

決議：准予追認

（9）本公司業務方針案　關於本公司重慶麥粉廠如何發展及新廠如何遞進授權董事會從長討論辦理……」

　　上例表明股東會偶而也會對特別重大的事項，如新廠的地址選定進行討論，但討論的結果是授權董事會選定；至於追認事項，雖表明股東會有權決定這些事項，但事實上董事會、總經理「先斬後奏」，股東會對這些事項的決策權並未落實。本章上一節提到的董事會自定董監輿馬費的情況，更是表明了有些公司董事會的強勢地位已經到了比較過份的程度。

　　（三）**董事會與監察人**。董事會與監察人都受託於股東會，但二者是監督與被監督的關係，董事會處於被動的地位上。本文將在監察人一章探討監察人對董事的監督問題。

　　董監聯席會議這種特殊的形式受到陪都時期公司的廣泛接受，表明董事會試圖通過邀請或接納監察人直接參與決策過程，與監察人建立更良好的溝通。特別要注意的是，即使法律規定監察人可以列席董事會，但如果董事會不採取積極的態度對待此事，陪都時期公司召開董監聯席會的情況就不可能如此常見。不論效果如何，這樣的嘗試是值得稱道的。

第四章 陪都時期股份有限公司的經理人

　　1929 年《公司法》及此前 1914 年《公司條例》對於經理人職務雖有提及，但沒有專門規定。1946 年《公司法》則首次專設一節規定有關經理人的事項，共 14 條，對經理及副經理作了規定，但仍沒有涉及經理人在經營管理方面的具體職權範圍，而是規定由「章程規定或契約約定」（如公司與經理之間簽訂的聘用契約）。實踐中，在 1946 年《公司法》法頒行之前，陪都時期公司大都通過章程、組織大綱等文件明確了經理人及其團隊的組成及職權。因此，此前的公司法沒有關於經理人的規定，對於經理人發揮作用並無實質性影響。就這一觀點，本章將結合公司章程和其他檔案進行論證。

　　與本文上一章關於董事會的主導地位的論述相呼應，本章將重點探討經理人與董事會之間的關係。本章還將討論經理人的產生及其管理團隊的組成，經理人的職權、責任、激勵機制，以及經理人與股東會、監察人之間的互動關係。根據陪都時期的情況，本章研究對象以總經理為主，同時包括協理（副經理）、襄理、總工程師、總稽核、會計主任（總會計師）、礦長、廠長、工務長等重要管理人員。

第一節　經理人產生及其報酬、義務和責任

　　本節重點介紹總經理及其他重要管理人員的產生辦法，重點研究總經理在組建經理團隊方面的權限，並介紹經理人的報酬及義務和責任。

一、總經理的產生

1946 年《公司法》規定，公司得依章程規定設置總經理或經理，並規定公司於選任經理人後十五日內，應將向主管官署呈報經理人姓名住所、是否股東或董事、就職時間。此前 1929 年《公司法》提到經理人的選任或解任由董事過半數決定，實際上確認了經理的地位。從公司章程和檔案看，在 1946 年《公司法》頒行之前，陪都時期公司已普遍建立了較完備的經理人制度，總經理產生、職權、團隊組成都有章可循。總經理均由董事會聘任。前文「董事會」一節已經詳細介紹陪都時期公司章程規定的總經理產生辦法，此不贅述。

在陪都時期公司檔案中，關於董事會或董監聯席會聘任經理的記載較多，如華安礦業民國三十三年五月十日董監聯席會議記錄記載：

> 「依據章程第二十四條規定，於總經理室設置經理副經理各一人，
> 聘徐董事光煜兼任經理…」

從檔案看，一些公司在聘任總經理及協理等經理團隊成員時，會向聘用人員發送比較正規的聘用函，如巴縣電力檔案中的聘書內容為：

> 聘書
> 茲聘臺端為巴縣電力廠股份有限公司經理。
> 此致　朱清淮先生……

關於總經理的解任，1929、1946 兩部公司法都規定由董事過半數決定。陪都時期公司章程也從其規定。在陪都時期公司檔案中，沒有發現董事會直接解聘總經理的例子。但這並不意味著沒有促使經理人退出的機制。巴縣電力的代總經理徐敦瑾辭職事件，民國三十五年七月八日，徐敦瑾致函巴縣電力公司稱：

> 「竊查瑾去歲入廠不久，張前經理祖蔭即辭職離廠，承鈞長青睞派
> 瑾代理經理職務。……勉力受命維持至今，已有半載。……特懇鈞
> 長此時准瑾辭此職務……
> 此呈　代董事長蘇
> 巴縣工業區電力廠特種股份有限公司　代經理徐敦瑾　呈

從內容看，這是一份普通的辭職函，但結合以下巴縣電力董事會在接受徐辭職後，要求徐提供報銷單據函件看，似乎是公司董事會之前已對徐感到不滿：

案准本會八月十三日蕭倫豫、徐漢君、曹麗順三先生來函節開：

旅費一項計國幣八百二十餘萬元，其中徐經理敦瑾報銷貳佰三十餘萬元，且另有旅費壹佰壹拾餘萬元未經董事會核銷，……查該項資費報銷缺少原始單據甚多，如交際宴客費應將客人姓名及餐館發票附入帳內，較合實報實銷之手續，不然仍以報支核定差費爲妥等由，準此相應函達即希查照辦理俾清賬冊爲荷

此致

徐前代經理敦瑾

董事會　啓　九月十七日

巴縣電力檔案中還有公司安排清理徐在任期間經手帳目的資料。這些信息顯示出陪都時期公司可能傾向於採取更體面的方式促使公司不滿意的經理人退出。

二、經理人團隊的組成

前文「董事會」一節已對此有過詳細分析，並得出結論認爲董事會在經理團隊的組建上處於主導地位。從另一方面看，總經理對於組建管理團隊當然也具有一定的影響力。以下依協理、襄理、總工程師、會計主任、其他重要職員、普通職員的順序分述如下：

（一）**總經理對協理（副經理）人選的影響力**。1946 年《公司法》首次規定，公司可設副總經理或副經理一人或數人，以輔佐總經理或經理。1946年《公司法》頒行前，各公司設立協理的情況已比較常見。在 26 家（含 3 家1946 年後制定的）對公司經理團隊有規定的章程中，共 17 家有關於協理的規定，其中 2 家規定 2 人，7 家規定 1~2 人，8 家規定 1 人。可見 1 人的情況爲多。如前文所述，陪都時期公司協理不但有協助總經理的職能，還有遇事故時代行總經理職權的替補只能，還有副署文件等制約職能。基於這樣的出發點，總經理對協理人選的影響在不同的公司表現不一。

總經理對協理人選的影響主要體現在提名權。在 26 份章程中，華福捲煙廠、富源水力發電規定協理／副經理由總經理提名，義大煤礦和大川商業銀行規定協理由董事長提名，其他則未提到提名問題。公司檔案中也有總經理提名協理的例子，如中國紡織企業某年九月二十八日第一次董監聯席會議記錄記載：

3. 選任總經理

選任吳味經先生爲總經理，至協理人選先商吳總經理後提出下屆董
事會決定之

上例中，先選總經理，然後等待總經理提名協理。

（二）**總經理對總工程師人選的影響力**。在 26 家陪都時期公司章程中，
11 家章程提到了總工程師職務，一般規定由董事會聘任，但存在例外情況：
中國紡織企業的總工程師由總經理陳明董事長核定並報請董事會備案；北川
民業鐵路的總工程師由總經理簽約聘任，但需董事會同意。這兩例中總經理
的影響力更大。

總工程師一般要接受總經理的領導，但也有章程的總工程師有權就工程
方面的重要職員的聘用及工程事務本身與總經理商量，而不是無條件地服
從，如中國火柴原料廠等。如果雙方發生爭議，一般應由董事會裁決。

（三）**總經理對襄理人選的影響力**。襄理同時向總、協理負責，也是陪
都時期比較特別的職務。在 26 家陪都時期公司章程中，有 8 家提到襄理職務
（華安礦業爲有必要時設立）一般爲 1 人，由總經理提請董事會任免。一個
例外是四川絲業規定襄理 4～8 人，董事會決議行之，沒說總經理提名。中國
紡織企業的襄理由總經理陳明董事長核定並報請董事會備案。總的來看，總
經理對襄理人選主要體現在提名權。

（四）**總經理對財務管理人員人選的影響力**。陪都時期公司章程中提到
會計主任等財務管理人員的不多，其中：建川煤礦規定會計處長由董事會聘
任；三才生煤礦規定會計主任任免由總協理提請董事會行之。川康興業、華
福捲煙廠、中國紡織企業、華盛企業規定總稽核由董事會聘任。總經理有提
名權的情況是少數。

（五）**總經理對其他重要職員人選的影響力**。26 家陪都時期公司章程中
大約 19 家章程提到了各地分經理、礦長、副礦長、各處主任等重要職員任免，
其中 15 家基本由董事會（川康興業爲常務董事會）決定（絕大部分都提到總
經理或總協理提名，但華盛企業，規定董事長甄選），僅有 4 家規定由總經理
決定，其表達方式爲：

江北／江合煤礦：（總協理之外）其他職員由總經理任免之。

四川絲業：（總協襄理之外）其餘職員均由總經理任免。

大川實業：（經理副經理廠長之外）其他職員由經理任免之

和源實業：各部、股、處……得酌設主任辦事員若干人，由總協理任免報請董事會備查。

（六）**總經理對一般職員聘用的決定權**。只有四家公司的章程提到了一般職員的聘用由總經理決定，而其他章程沒有相應規定，但據常理推斷，普通職員的聘用決定權應在總經理。綜上，總經理對中層以上重要管理人員的任免的影響，主要體現在提名權。如三才生煤礦第一屆董事會記錄記載：

> 「總協理提議擬請任命襄理楊錫祺、總工程師黃申叔、會計主任張
> 介源、礦長沈爾炎、副礦長王子佩── 通過。」

上例顯示了總經理對重要職員的任命的行使提名權

三、經理人的報酬、義務和責任

1946 年《公司法》首次明確規定總經理或經理之報酬由董事過半數之同意決定。上文股東會一節提到集成企業三十五年五月十八日第六屆股東常會決定總經理特別酬勞的例子，可能是因為股東會認為經理報酬可理解為公司盈餘分配的一部分，也可能是因為新法規剛剛頒佈而公司未及反應。經理人的報酬主要包括兩部分：

（一）**月薪及補助**。一是薪酬，因屬經理屬職員，自然要領月薪，有些還另支公費。如建川煤礦民國三十一年二月二十四日第二屆董監聯席會議記錄記載：

> 「核定本公司全體職員薪給案
> 本公司職員薪給經許常董本純徐常董維明及潘總經理會商決定，乃
> 採用資委會規定之礦業甲種組織薪級表為核定全體職員薪給之依
> 據，並議定總經理薪額為六百元公費三百元，協理薪額五百六十元
> 公費二百元。」

又如，中國火柴原料廠三十一年五月三十一日第三次董監聯席會記錄記載：

> 「審定上述林總經理及潘總工程師之待遇案
> 決議：林總經理自 6 月份起月支薪金 800 元，津貼 600 元，公費 800
> 元。生活津貼 420 元，眷屬米貼 400 元。
> 潘總工程師自 6 月份起月支薪金 700 元，津貼 400 元，公費 500 元，
> 生活津貼 400 元，眷屬米貼 400 元。」

上例經理人每月待遇包括薪金、津貼、公費、生活津貼、眷屬米貼五項，年底還要參加分紅（該公司章程規定職工酬勞爲占可分配盈餘的 25%）。

（二）**參與公司年終盈餘分配**。從陪都時期公司章程看，大部分沒有單列總協理酬勞，而是體現在「職工酬勞」項目中，也有少量公司單列。具體參見前文「董事會」一節的規定。

依常理，只要列了職員酬勞，則經理當然享有，且其分配標準應高於其他職員。

如前所述，1929 年公司法沒有關於經理人的具體規定。隨著實踐中經理人的作用日益發揮和被重視，1946 年《公司法》對經理人做了專節規定。其有關義務和責任的規定主要包括：

（一）**執行董事會決議不得逾越的義務**。1946 年《公司法》規定，總經理或經理不得變更董事之決議或逾越其規定之權限。如前文「董事會」一節所屬，董事會在與總經理的職權關係上處於主動地位，董事可以干預日常經營管理事務，而經理不可以擅自介入董事的職權範圍。復興隆煤礦民國三十年一次董監聯席會議記錄記載：

提議：本公司經理權限案

決議：本公司經理職權之行使應以董監會意旨爲轉移，不得自由行

動「全體通過」

值得注意的是上例的時間早在 1946 年《公司法》頒行的五年前。

（二）**不得兼任同等職務的義務**。1946 年《公司法》規定，總經理或經理不得兼任他公司同等之職務。筆者在陪都時期公司章程和檔案中未發現相關的資料。

（三）**競業禁止義務**。1946 年《公司法》規定，總經理或經理不得自營或爲他人經營同類之業務。在 27 家陪都時期公司章程中，有兩家有類似的規定，如天原化工章程規定，「職員不得兼營本公司同類營業」；灘昌紡織也有類似規定。

（四）**向股東會就財務、業務報告眞實性負責**。根據 1946 年《公司法》規定，總經理或經理應簽名於供股東常會審核的全套財務和業務報告並負其責任。

1929 年《公司法》僅規定了董事就上述資料向股東會報告並請求承認，1946 年《公司法》的上述規定，進一步顯示了總經理對公司經營業績的重要

作用。

（五）**過錯賠償責任**。1946 年《公司法》規定，總經理或經理因違反法令章程或董事決議致公司受損害時對於公司負賠償之責。

第二節　經理人的職權及地位

本節主要探討經理團隊的職權，及其各職位之間的職權關係，並重點探討經理人與董事會、股東會、監察人之間的關係及經理人在公司法人治理結構中的地位。

一、經理團隊的職權

（一）**經理團對各主要管理職位之間的職權關係**。實踐中，陪都時期公司一般都在章程和組織規程等文件中規定總經理、協理、襄理、總工程師等高級管理人員的職權及其相互關係。如建川煤礦組織章程規定：

> 「公司設總經理 1 人，秉承董事會綜理公司一切事務，協理 1~2
> 人，襄助總經理處理事務，總經理因事不能到公司時，由總經理指
> 定協理 1 人代行職務。
> 設總工程師一名，承總經理之命辦理一切工程事務……」

從上述組織章程可知：

1. 總經理的職權範圍：「綜理公司一切事務」，沒有規定具體的職權事項。
2. 總經理應「秉承董事會」，即執行董事會決議，向董事會報告工作。
3. 協理的職責有二：一是「襄助總經理」，二是在總經理因事不能到公司時代行總經理職務。
4. 總工程師的職權範圍是辦理工程事務，但應接受總經理領導。

又如，三才生煤礦組織章程則規定：

> 本公司設總經理一人，秉承董事長常務董事會，綜理本公司全部事
> 務，協理一人，輔佐總經理處理事務，襄理一人秉承總經理協理之
> 意旨襄理事務。
> 設總工程師一人，商同總經理協理管理工程事宜

三才生煤礦組織章程的上述規定與建川煤礦基本相同，但有兩點差異應注意：一是襄理的職責：秉承總經理協理之意旨襄理事務，即同時對總經理

和協理負責；二是總工程師不是單獨接受總經理領導，而是「商同」總經理、協理兩人管理工程事宜。如果發生糾紛，原則上要報董事會裁決。以上兩個例子都是比較典型的。

（二）**總經理的特定職權**。陪都時期公司章程大多沒有對總經理職權進行具體規定，但也有個別公司做了較詳細地描述，如江北（江合煤礦）章程規定：

總經理除執行董事共同職務外，其特別職務如左：

（一）代表公司名義總理一切事務；

（二）提交議案於董事會；

（三）執行各項議決事件；

（四）署名蓋章於各種契約。

除了上例提到的四項職權外，本章前一節還提到總經理在人事任免方面的職權，在提交股東常會的財務業務報告上簽名的職權。灤昌紡織的公司章程還提到總經理應向董事會報告營業情形。

上列職權大都比較清晰，如總理事務、報告營業、提交議案、執行決議等。以下僅重點分析幾項比較特別的職權：

1. 對外代表公司。在 26 家陪都時期公司章程中，有華福捲煙廠、華盛企業章程規定總經理對外代表公司。如前所述，陪都公司法規定的董事或董事長代表公司。這一規定與法律精神不太符合，但從實際的角度看，總經理因執行職務的需要，事實上經常性地作為公司的代表出現和代表公司作意思表示。對此，1946 年《公司法》規定，公司不得以其所加於經理人職權之限制對抗善意第三人。

2. 對外簽署文件。中國火柴原料廠董事會制定的組織章程規定，「對外一切文件概以決經理名義行之」。這一規定單獨針對文件的簽署，與總經理對外代表公司的職權有所區別，故上例江北（江合煤礦）章程分列為兩項。

3. 列席董事會或董監聯席會表達意見的權力。在陪都時期公司章程中，灤昌紡織、華福捲煙廠規定重要職員（包括總經理）可被邀請列席董事會；而川康興業規定總、協理得列席董事會；北川民業鐵路則明確規定總經理需列席董事會。

（三）**協理的特殊地位和職權**。陪都時期的協理（1946 年公司法稱副經理）最具特色的地方在於其對總經理的制約作用和章程賦予的代行職權功能。除了協助總經理工作外，協理還有兩項職權：

1. 必要時代行總經理職務，如中國火柴原料廠民國三十二年十月十五日第十次董事會記錄記載：

「……（二）資源委員會選派總經理總工程師，長壽廠廠長赴歐美考察，代理人選如何準備案

決議：總經理出國前交待好劉協理將來代理總經理」

上例體現了總經理指定協理代行職務的過程。又如，中國火柴原料廠民國三十四年九月十五日第二次緊急會議記錄記載，該會議有協理、廠長、部門主任列席參加，協理劉念智為主席。議決事項：

「一、本公司自本年 10 月 1 日起開始緊縮所有職員，除留任外，餘均停薪留資。……」

這次緊急會議決定的事項很重大，可見協理確實履行了代理總經理的職責。

2. 副署（與總經理共同簽署）文件，如中國火柴原料廠民國三十五年五月三十日向十五次董事會書面報告工作，該報告由總經理林天驥和協理劉念智簽署，二人共同向董事會報告工作。另有一例是四川絲業董事會民國三十八年四月一日準三月三十日向股東致函，總經理、協理、襄理均在內部審批單上蓋私章。

（四）**經理辦公會議**。這並非法定的、常設的會議機制，但經理團隊開會商議工作是很正常的。以下是重慶自來水民國二十六年十一月十七日第一次職員會議記錄：

地點：經理辦公室

主席：經理胡子昂

一、報告：本日召集各科室重要職員之意義，經理胡子昂說明：甲、整理各科內部及興革事項；乙、溝通各科辦事手續；丙、健全組織緊張工作；丁、關於今後注意事項

二、提議：本公司應擬定詳細辦事細則以資遵守案

三、提議：物料庫應擬定保管規程案

四、提議：值此抗戰時期，本公司急需物料應相當準備案

上例說明經理團隊內部有較清晰的工作思路和安排，並體現了經理團隊處理公司具體事務的職權。不過，陪都時期公司檔案中此類經理辦公會議記錄很少，筆者發現的僅此一例。

二、經理人與股東會、董事會、監察人之間的關係

（一）**經理人與股東會的關係**。前文「股東會」一節就此點進行過分析。在此補充說明，儘管經理人不直接向股東會負責，但如股東對公司業務及各項工作提出批評意見，因涉及具體事務，經理人反倒首當其衝。例如，民生實業民國三十年三月十八日第十六常年股東大會決議錄記載：

> 「呂股東漢群動議：……惟事業一經發展至相當程度，容易發生鬆懈或疏忽現象，請公司……必須善盡人事上之責任，以減少損失，當此空襲擊頻繁之際，對於物料及文件契約之保管，尤須特加注意。」
> 「魏代總經理起立：略謂呂股東所提示各點，公司自應注意。公司組織現正設法強化，考績獎懲亦力求嚴格辦理。」
> 「主席：呂股東及曾股東對公司懇切建議，應交付公司今後特別注意。
> 全體股東無異議通過。」

反之，當股東會或股東對公司工作提出意見，經理人首當其衝：民生公司經理人起立回覆意見案例。

民生公司股東很多，股東在股東大會上提出上述意見，實際上有批評的意味。總經理起立答覆，態度鄭重。

（二）**經理人與董事會**。此點在前文「董事會」一節已經很深入地分析。在此補充兩點：

一是 1946 年公司法強調經理人不得變更或者逾越董事會決議，而反過來董事卻可以隨意干預本該由經理人決定的日常管理事務。這一對比更清楚地說明了董事會相對經理人的主動地位。當然，「現官不如現管」的效應始終在一定程度上存在，在一些公司或者某些時期，也有可能出現總經理居於主動地位的情況（儘管筆者在陪都時期公司檔案中尚未發現相關資料）。但總體來看，陪都時期公司董事會在公司法人治理結構中的中心地位是比較明顯的。

二是有時會出現這種情況：總經理如認為董事會決議不合理而難以執行，而依據法律和章程規定又不得不執行。對此，川康興業章程規定，「董事會議決事項如執行有窒礙時得由總經理聲述理由請求覆核一次」。這種救濟措施是很有創意的，也有一定的合理性，表明了陪都時期公司在完善法人治理方面的做了有益的探索。

（三）**經理人與監察人**。經理人與監察人的關係中，經理人比較被動，

其主動與監察人發生工作昂來的情況較少。在公司檔案中有一種情況,在股東常會前,有些公司的董事會要求經理人準備供股東常會審核的財務業務報告,交監察人審核。這實際上是董事會將自己的工作任務委託經理人完成,屬於正常現象。

第五章　陪都時期股份有限公司的 監察人

　　本章主要研究監察人的產生、任期、報酬等情況，監察人行使職權的情況，重點介紹常駐監察、監察人會議等有特色的制度，並探討監察人與股東會、董事會、經理人的關係。

第一節　監察人的產生及其責任、報酬

一、監察人的產生

　　監察人應具備一定的主體資格，經過合法的程序產生，並有一定的數量和任期限制。

　　擔任監察人首先必須持有公司股份。1929 年、1946 年《公司法》規定監察人由股東會就股東中選任。股東身份是監察人身份取得的必要條件。例如，重慶自來水某次股東會「候選董事之股東名單」注明：「左列股東其股份均有二十股／十股以上照章有當選爲董事或監察人之資格」。儘管兩部公司法都沒有規定當選監察所需具體持股數量，但從陪都時期公司章程看，有 16 家公司對此作出了規定。如中國火柴原料廠章程規定「設監察人 5 人，任期一年，由股東會就 20 股以上之股東中選任職，連選得連任」。關於當選監察所需股數情況的統計表，請參見前文「董事」一節。

　　也有公司選舉監察人不限股東持股數量，只要求其具有股東身份，如重

慶輪渡章程規定「董事 9 人，監察 3 人，凡本公司股東均得當選」。

關於監察人的住所要求，僅 1946 年《公司法》規定「監察人中至少須有一人在國內有住所。」在陪都時期公司檔案中的監察人名單等資料中，未發現有監察人住所在國外的情況。

關於監察人的數量限制，陪都時期兩部公司法都僅規定了股份有限公司董事的最低數量，而沒有規定監察人的數量。從陪都時期公司章程看，大都對此做出了規定，據統計監察人最少的 2 人，最多的 15 人。關於監察數量的統計表，請參見「董事」一節。

關於監察人的任期，陪都時期兩部公司法均規定監察人任期一年，但得連選連任。監察人任期與董事任期（陪都時期公司一般為三年，也有二年的）錯開，是為了防止監察人在任太久而與董事熟悉之後怠於行使監察權。姚成瀚先生描述為：「……（監察人）以任期過長，慮與董事相狎，不能舉監督之實也。若再選續任，則為股東所信任，自屬不妨」〔註1〕。

監察人通常由股東會選舉產生，但對官股而言，則須經持股的政府機構委派。具體辦法與董事的選舉和委派類似，並且大都同時進行。

1. 商股股東被選舉為董事，具體有以下幾種情況：（1）通過創立會選舉；（2）因增資而增選；（3）因任期屆滿而改選或連選連任。其具體操作與董事的選舉辦法基本一致，並且董事、監察人一般是同時選舉。前文「董事」一節所舉多個案例也包含了監察人選舉的內容，在此從略。

2. 官股股東委派董事。在有公股股東的公司中，監察人一般通過公股委派或者改派產生。如巴縣工業區電力廠特種股份有限公司民國三十四年六月六日召開的第四屆董監聯席會會議錄記載：

> 「本公司公股為前工礦調整處一千五百七十股，經濟部三百股，共計一千八百七十股奉令移交經濟部資源委員會接管並奉該會公函以除原派公股董事經濟部司長張家祉、莊智煥繼續連任外，其餘董事四人派由處長陳中熙簡任技正單基乾盧鉞章專員王鄂華，監察二人，由主任秘書吳兆洪、處長張峻分別擔任，茲為便利各方起見，由本席召開新舊董事監察人聯席會議報告開討論該公司事項辦理。」

上例是公股轉戶及改派公股董事監察人的情況。

又如，重慶輪渡股份有限公司第三屆股東常會會議記錄記載：

〔註1〕 姚成瀚：《公司條例釋義》，第 179 頁。

「……監察人任期屆滿應請改選案

改選結果：胡子昂、周見三連任，並選出四川省政府建設廳代表王介祺爲監察人。」

上例的特殊之處在於，儘管是公股委派的監察人，也要走選舉的程序。

值得注意的是，1929、1946 兩部公司法均規定董事缺額達總數三分之一時，應即召集股東臨時會補選。董事缺額未及補選而有必要時，得以原選次多數之被選人代行職務。但對監察人沒有這一制度安排。

關於監察人的解任，1929、1946 兩部公司法均規定公司可隨時以股東會之決議「解任」監察人，但監察人定有任期的，如公司無正當理由提前「解任」，監察人有權向公司請求賠償。這一制度是與董事的解任規定類似。在陪都時期公司檔案中未發現相關案例。

二、監察人的義務、責任及報酬

陪都時期兩部公司法都規定了監察人的勤勉義務和過錯賠償責任。1929年《公司法》規定，監察人因不盡職務致公司受有損害者，對於公司負賠償之責。1946 年《公司法》在此基礎上進一步規定，監察人對於董事所造送與股東會之各種表冊應核對簿據調查實況報告意見於股東會。監察人違反前項規定而爲不實之報告得科一千元以下之罰金。

兩部公司法規定了股東會對監察人提起訴訟的制度。兩部公司法均規定，股東會決議對於監察人提起訴訟時，公司應自決議之日起一個月內提起訴訟。前項起訴之代表，股東會得於董事之外另行選派。另外，兩部公司法還規定了少數股東（股份總數十分之一以上），得爲公司對監察人提起訴訟。上述各項規定，雖有制度安排，但在實踐中很少發生規定所指的情況。在陪都時期公司檔案中，未發現追究監察人過錯責任或者公司及股東起訴監察人的案例。關於監察人的報酬，請參見前文在董事報酬部分所做的一併介紹。

三、常駐監察人

常駐監察人是民國時期（含陪都時期）公司在實踐中發展起來的一項很有特色的制度，但陪都時期兩部公司法都沒有相關規定。在筆者查閱的陪都時期公司章程中，四川絲業、川康興業、三才生煤礦、中國工礦建設、聚興誠銀行章程規定有常駐監察人，均爲 1 人，未提及職權。另外陪都時期公司

檔案中，強華實業、復興隆也有常駐監察人的記載。總體來看，陪都時期公司設置常駐監察人的情況並不普遍。但從加強監察人職權的行使來看，這項制度還是有一定價值的。

關於常駐監察人的產生，上述各章程均規定常駐監察人由監察人互推，但在公司檔案中，存在著由董事會或者董監聯席會推選的情況。例如，強華實業民國三十五年一月十二日第四次董監聯席會議記錄記載：

> 「討論事項……（二）本公司第二屆董事及四屆監察人業經第一次
> 股東常會選出，並經一致推請楊曉波先生連任董事長，黃瑾瑩童少
> 生兩君連任常務董事，古耕愚君任常駐監察人。

以上是董監聯席會推選監察人的例子。又如，三才生煤礦民國二十九年七月三日董事會會議記錄記載：

> 「……3. 公推胡子昂爲常駐監察人；」

監察人的基本職責是監督董事及經理人。公司法規定監察人不得兼任董事，正是爲了確保監察人獨立於董事之外。但在上兩例中，董事參與推選常駐監察人。這顯然是不合適的。值得注意的是，三才生煤礦章程已經規定常駐監察人有監察互推產生，但在上例中沒有得到執行。相對於常務董事制度，陪都時期的常駐監察人制度是相當不完備的。

常駐監察的基本職能包括：

1. 強化監察權的履行

常駐監察人制度的基本出發點在於通過增加監察人在公司的工作時間，而強化監察權的履行。這一點類似於常務董事制度。例如，聚興誠銀行民國三十五年三月二十六日股東會上，董事龔農瞻建議：

> 修改章程第 24 條，加添「由監察人中互選一人爲常駐監察人」以加
> 強事前監察全能案（決議通過）

上例表明，一些公司逐步認識到常駐監察的必要性，其目的是加強事前監察。這是針對一般監察平時不到公司，無從發現弊端，監察權行使不力的情況提出的。這一點與常務董事的作用相同，都是突出一個「常」字。

2. 加強對多個監察人之間的溝通與合作

陪都時期兩部公司法都明文規定，監察人得各自行使職權，而沒有規定監察人會議制度（類似當代監事會制度），也沒有設置監察長（類似當代監事

會主席）職務。這樣規定的優點是保證了監察權行使的靈活性，但不利於監察人之間的溝通與合作。常駐監察的設置，可能形成以常駐監察爲核心的監察團隊。這一點與陪都時期的常務董事不同。由於陪都時期公司一般都設有董事長，常務董事並無對董事進行組織的職能。當然，常駐監察人是否會對其他監察人進行組織，並無制度上的規定，而只是提供了促進監察人之間溝通與合作的可能性。

值得注意的是，關於監察集體行使職權問題，並非完全沒有相關案例。川康興業的章程中有「監察人會」的提法，並規定監察人會議以常駐監察人爲主席；此外還有監察人開會互推常駐監察的案例，但這些案例極爲稀少，而且都沒有涉及監察人共同行使職權的領域。總體來講，陪都時期監察人集體行使職權的情況只是例外。前述川康興業的章程關於常駐監察人擔任監察人會議主席的條款，也印證了常駐監察人可能成爲監察人核心的觀點。

總的來說，常駐監察人除了常駐公司之外，並無比一般監察人更特別的職責。例如，三才生煤礦章程規定：「監察人互推一人爲常駐監察人，監察人之職權依公司法（注：指 1929 年版）一五六至一六零各條行之。」可見常駐監察人仍應按照公司法有關規定行使監察權。例如，強華實業民國三十五年第五次董監聯席會議錄記載：

「3.三十四年度決算案

決議：提交常駐監察人審核後再向股東大會提請追認。」

審核供股東大會通過的決算按，屬於監察人的法定職責。但董監聯席會議知名要求常年監察人審核，也表明常年監察人的地位比一般監察人更重要。

第二節　監察人的職權

本節主要介紹監察人的職權，考察陪都時期公司監察人行使這些職權的情況，並重點探討監察人與股東會、董事會、經理人之間的互動關係。

一、監察人的法定職權及其他職權

根據 1929、1946 兩部公司法規定，監察人的職權主要有：審核及報告權、調查權、代表權、股東會召集權等法定職權。分述如下：

（一）**審核及報告權**。此職權是指監察人就重大事項進行審核，然後向

股東會報告，包括年度經營成果報告、募集股份報告兩種情況。這一職權是監察人受股東會委託對董事實施監督的直接體現。

關於監察人對年度經營成果的審核及報告，1929、1946 兩部公司法均規定，監察人對於董事所造送於股東會的各種表冊，應進行核對和調查，向股東會報告其意見。這主要是針對每年的股東常會而言。在時間要求上，董事應在股東會前開會前三十日將有關財務、業務資料交監察人查核。監察人還可以要求提前交付資料。監察人審核後確認有關財務業務報告的方式一般有兩種：

一是直接在有關報告上簽字蓋章確認，如巴縣電力一份監察人來函載明：

逕覆者四日來函及第三屆股東大會報告書囑覆核簽證送還事，茲經
覆核簽蓋附函檢奉，祈爲臺洽乃荷
此致
巴縣工業區電力廠特種股份有限公司董事會
中國化學工業社重慶分廠經理水啓璜　啓（注：監察人）

二是出具證明文件。例如，中國火柴原料廠民國三十三年三月二十二日由宋沅等三位監察人簽署的一份公司帳目證明書記載：

「公司自民國三十二年一月一日至十二月三十一日止期間內之帳
目，所有原始憑證書類經審核與賬冊之記載核對無誤」

上例證明書系爲民國三十三年五月十日召開的第二屆股東常會而作出。

陪都時期的公司法規定監察人爲審核有關財務、業務資料，可以代表公司委託律師、會計師辦理，費用由公司負擔。實踐中，監察人尋求會計師幫助的情況較多。如建川煤礦民國三十二年第二次股東常會決議錄記載：

「本公司三十一年度營業情形及資產負債損益計算，經正則會計師
事務所謝霖、蘇祖南兩會計師查核證明後，請張監察峻、沈監察鎮
南覆核，當由沈監察將各表數字向大會詳細查驗無異言，此案通過。」

上例清楚地顯示出「會計師查核——監察覆核——監察人向大會報告」的操作流程。另，前述中國火柴原料廠監察人出具的帳目證明書，也是基於之前的會計師報告。

在陪都時期公司檔案中，監察人大多確認了董事會送審的財務及業務報告，但也有提出不同意見的，如巴縣電力落款民國三十四年六月八日的一份報告：

監察人審查報告書

案據巴縣工業區電力廠呈送會計師張介源審核三十三年度帳目報告書，及隨附按章擬具之同年盈餘分配案一件，請予合併審核轉報一案，監察人等茲經將……各項詳加查核，尚屬相符；至擬具盈餘分配中公司員工花紅一項僅得分配 443603.43 元，並查該廠於三十四年二月間呈准核借員工獎金 1113752.7 元，同仁等擬建議除上項職工應得花紅 443603.43 元准予如數沖抵已借支獎金之一部分外其餘不敷 670149.27 元，准該廠於本年度內攤付以資清結

此致　董事會

監察人　三人簽字

上例中，該廠董事會在借用了公司一百多萬用於發員工獎金而未歸還的情況下，在股東會上仍要求發放員工花紅。監察人則認為花紅該發，但應沖抵借款，而且未抵完的部分應當限期歸還。這一過程清晰地反映了監察人代表股東，對董事侵害股東利益的行履行了監督職責。

監察人的另一主要法定職權是募集股份報告。在公司募集設立時或者增資募股時，監察人應當向創立會、股東會報告股份是否認足、應繳股款是否繳納等情況。例如義生貿易民國三十二年增資時的例子：

監察人調查報告書

茲遵公司法第一百九十四條之規定調查報告如左

一、所募新股計三千股，國幣三百萬元，業經如數認定

二、所募新股計三千股，國幣三百萬元，業經如數繳齊

三、所募新股並無現金以外之財產作抵者

監察人

中華民國三十二年一月卅日

陪都時期公司檔案中類似的例子比較多。

（二）**調查權**。陪都時期的公司法規定，監察人有權隨時調查公司財務狀況和要求董事報告公司業務情形。筆者在陪都時期公司檔案中沒有發現類似資料。依常理，此種調查和董事報告可能大多為口頭進行，沒有資料也是正常的。還有一種可能是監察人顧及太多，沒有特殊原因一般不會行使調查權。

（三）**列席董事會陳述權**。1929、1946 兩部公司法均規定監察人有權列席董事會但無表決權。陪都時期公司的章程也大都確認了這一點。其中，灘昌

紡織還規定監察人應列席董事會，帶有一定的強制性。另外，董監聯席會議的形式也廣泛被採用（請參見前文董事會關於董監聯席會議的內容）。從公司檔案中的董事會記錄看，即使不是董監聯席會而是單純的董事會，監察列席的情況也較常見。可見，陪都時期公司監察人列席董事會的職權得到了較好的行使。

（四）**股東會召集權和代表權**。關於就監察人召集臨時股東會的職權，本文在股東會一節已介紹，此不贅述。關於代表權，當時公司法規定了兩種情況：一是董事為自己或他人於本公司有交涉時（即涉及關聯交易），由監察人為公司之代表。二是公司與董事之間發生訴訟，由監察人代表公司。當然，股東會也可另選他人代表公司。

除了法定職權外，在實踐中，監察人還可能行使更具體的職權。為了更好地說明這個問題，我們先來看看陪都時期公司章程中關於監察人職權的規定，如下表：

章程中監察人職權條款統計表

公司簡稱	內　　　容
火柴原料	董事會應於股東常會開會前十日備具下列經監察人查核之各項書表及監察人報告書供股東查閱，並報告股東會（一）營業報告書；（二）資產負債表；（三）財產目錄；（四）損益計算書；（五）公積金及股息紅利分派之議案。 監察人得列席董事會陳述意見但無表決權 每年總決算應由董事會依法造具各項書表，於股東常會開會前 30 日交監察人審核，並提請股東會通過
建川煤礦	監察職權：監察業務進行，檢查公司一切簿冊帳目及財產，監察董事會及總經理執行業務是否遵守法令章程及股東會之決議。 於每屆年度終了時應造營業報告書、資產負債表、損益計算書、財產目錄及盈餘分配議案，由總經理提請董事會核議，再由監察人覆核後報告股東會請求承認。
華安礦業	第二十六條　本公司定每年終決算由董事會造具左列各項書表於股東常會前三十日交監察人查核後提交股東會請求承認。 營業報告書。 資金產負債表。 財產目錄。 損益計算書。 公積金及股息紅利分配之議案。
濰昌紡織	董事會開會時遇有必要得請監察人或其他重要職員列席陳述意見，但無議決之權

三才生煤礦	監察人互推一人為常駐監察人，監察人之職權依公司法一五六至一六零各條行之。
江北／江合煤礦	第三十條 董事會議每月至少舉行一次董事及總協理監察員均應列席 第三十一條 監察人除執行法定職務外並得陳述意見於股東大會及董事會。
四川絲業	第二十三條 監察人依據公司法和二百零四條至二百零八條之規定行使其職權並設常駐監察人一人由監察人互選之
重慶輪渡	監察人依據公司法第一百五十六條至第一百六十條之規定行使職權
集成企業	第二十七條 監察人之職權如左 一、審查年終決算報告及各種表冊 二、調查營業進行及財產狀況，遇必要時得陳述意見於董事會 三、監察業務並核查一切帳目證券及庫存 四、監察職員執行職務是否遵守規定及股東會議之決議
大原化工	24 監察人得出席董事會陳述意見但無議決權
川康興業	42 監察人之職權如左 查核本公司業務是否適合法律及股東會決議 審查本公司之預算及決算 查核本公司之會計及出納 檢查本公司之財產 檢舉職員違法失職情事 47 監察人執行職權時於其所審核之賬冊書表簽名蓋章，並應於股東會開會時提出報告之 48 監察人對於公司業務在必要時得出席董事會陳述意見但無表決權
華福捲煙廠	第三十三條 每一年度終了，董事會應造具公司法第二百二十六條規定之各項表冊於股東常會開會前三十日送交監察人查核後提出於股東大會請求承認
義大煤礦	28 董事及監察人之職責依公司法之規定
中國工礦建設設立版	第二四條 監察之職權如左： 一、監察本公司一般財務善查核簿冊單據文件及資產負債情形 二、審核年終決算及送交股東會之各項表冊報告等 三、列席董事會陳述意見但無表決權
中國工礦建設修改版	第二四條 監察之職權如左： 監察本公司一般財務善查核簿冊單據文件及資產負債情形 二、審核年終決算及送交股東會之各項表冊報告等 三、列席董事會陳述意見但無表決權

富源水力發電	第十七條 本公司以每年年底爲決算期，由董事會造具下列各項決算書、表 一、營業報告書 二、盈利分配案 三、資產負債表 四、損益計劃書 五、財度目錄 於股東常會的會前三十日送請監察人查核或由監察人委託會計師查核出具報告書提交股東會
中國紡織企業	29 監察人應審核董事會造送股東會之各種帳表並報告其意見於股東會 30 監察人不論何時得請求董事會報告本公司之業務狀況並檢查各項帳目及文件 31 監察人得列席董事會議但無表決權
大川商業銀行	41 監察人職權如左 查核帳目 審核決算 監察本銀行之業務 檢舉各級職員之違法與失職 陳述意見於董事會 42 監察人執行職權時於其所審核之賬冊書表應簽名蓋章並應於股東大會開會時提出報告書 48 每屆總決算應由董事會造具左列書表於股東會開會前三十日送由監察人審核副署提請股東會通過後呈請財政部經濟部查核並依法公告之
民生實業	第二十三條 監察人依據公司法第一百五十六條至一百六十條之規定，行使其職權
民生實業	第二十三條 監察人依據公司法第二百○四條至二百○八條之規定，行使其職權。
華盛企業	第二十三條 監察人監察本公司業務進行狀況及調查本公司之財產並得列席於董事會但無表決權。
北川民業鐵路	第三十一條 監察人在本公司不得兼任其他事務，其應盡職責如左： 一、董事與公司有交涉時，由監察人代表公司 二、審核年終決算之正確與否，報告於股東會 三、調查營業進行及財產狀況並隨時請求董事或經理報告公司之業務情形 四、檢查公司一切信件、簿據及材料器物
和源實業	第二十五條 監察人因檢查公司業務進行狀況於董事會開會時得列席陳述意見並得隨時執行監察公司財務賬據營業情形。

　　從上表看，雖然有些公司章程規定監察人只需依法行使監察權，但更多的公司章程還規定監察人除了行使前述法定職權外，一般還可行使其他職

權，包括：

（一）**檢查權**。即對較具體的財務和業務事項進行日常性的檢查。集成企業，章程規定，監察人有權「監察業務並核查一切帳目證券及庫存」。北川民業鐵路則規定監察人有權「檢查公司一切信件、簿據及材料器物」。這樣的措辭比法律的規定更細化，也使得監察人的權限比法律規定有了明顯擴展。例如，民國三十三年四月十日復興隆煤礦第二屆第一次董事會議記錄記載：

「（一）本年三月份月計審核案

決議：經本會審查無誤提交監察人審核」

可見監察人要審核財務月報表。且根據該公司董事會規則及記錄，實際上也做到了每月開會，每月審核月報表。

（二）**檢舉權**。川康興業章程規定，監察人有權「檢舉職員違法失職情事」。

以下是聚興誠銀行監察人因部分股東舉報公司董事長，而致函董事會，提請召開董監聯席會討論的案例：

敬啓者　本人日前接得署名聚興誠銀行維持會九月一日代電一件……本行董事長楊粲三素行不法……茲特舉其大者言之：

（一）二十八年本行在申買賣美金純益二百餘萬，該粲三見利忘義，密令女婿袁尹村取五十餘萬，於是年十一月抄匯渝，交其外任黃明安弟兄代爲收去，據爲己有假裝不知。

（二）二十八九兩年內，總行購買房地產數十契，皆粲三私自委託其內弟黃雲階一手包辦，……大約侵佔行款一百萬……

以上各筆皆繫事實，詳究帳目，即可大白……

查該會章係木質新刻，並無人蓋章負責，雖類似無名揭帖，然以所列各項關係股東權利及行風至重且鉅，姑無論事實有無，本人未便緘默，應請開會核議澂查，務明眞象而正觀聽，即希查照迅予召集董監聯席會議爲荷

此致　聚興誠銀行董事會

監察人　盧潤康　啓

從上例看，該監察人的責任心還是比較重的。

（三）**建議權**。提示董事、經理人防範風險，實爲監察人的本分。如監察人提出建議未被採納，而最後確實導致事故或損失，則董事、經理人難辭

其咎，可能要承擔過錯賠償責任。因此，監察人的建議應該是有一定分量的。例如，四川水泥的監察人汪粟圃表現得非常活躍，經常就風險防範等事宜提出建議，例如，民國二十六年六月十九日第九次董監聯席會上，汪監察提出總稽核隸屬於總務股，「似非獨立辦法」，建議將其獨立出來，完善內控機制。又如，四川水泥某次董事會上，因原料意外損失，有董事提議將損失分攤在七八九十各月帳內，汪監察栗圃表態稱：

> 「……自行拔賬既不合乎法定手續，而耗消原因似應精密……確定核銷辦法」

再如，民國三十四年九月十八日四川水泥第三屆第六次董監聯席會上，汪監察發言：

> 「查本公司每月經常開支在 4000 萬以上，消耗過大成本增高。在成品滯縮期中應即設法縮減，且以後能否發展須有營業計劃以資抉擇」。

由以上三例可見，汪監察所發表的意見都是基於監察人的本分，要麼是完善內控機制，要麼是反對不規範的帳務處理，要麼是提示屬行節約，說明該監察人履行職責是比較積極的。

（四）擔任監選人。如民國三十五年十二月二十二日復興隆煤礦召開的董監聯席會議議案之一為：

> 「一、選舉董事長及常務董事應採用何種方式案。
>
> 決議：採用票選方式選舉之，監選人由監察擔任」

監察擔任監選人，並非法律規定，而是因其職務的特殊性而更能得到大家的信任。

從上述監察人的法定職權和實際行使的其他職權看，可以得出以下結論：

第一，監察人行使法定職權，特別是審核及報告權，是公司法人治理結構正常運行的重要環節，不可或缺。還應當注意到當時的公司法制度為監察人行使法定職權提供了物質保障（由公司負擔會計師費用等）。

第二，陪都時期公司的監察人在行使法定職權之外，還發展到行使其他更廣泛的監察權，有些公司的監察人還相當活躍。

上述監察人積極行使職權的案例，數量還不是太多，難以據以得出客觀的結論。但可以肯定，斷定陪都時期公司的監察人制度「失靈」、「形同虛設」的提法是不夠謹慎的。

二、監察人與股東會、董事會、經理人之間的關係

由於此前股東會、董事會、經理人各節中都提到過其與監察人的關係，故此處不再分組進行分析，僅補充以下觀點：

（一）對於股東會而言，董事和經理團隊是實現其投資利益的主要力量，而監察人是輔助力量，故監察人受到的來自股東會的壓力，比董事會受到的壓力明顯要小。在股東與董事、經理團隊合作良好的情況下（通常即公司業績良好的情況下），股東對監察人的期待會更低，甚至不希望監察人太過活躍；反之，如果公司業績不好，董監表現不能讓股東滿意，則股東會更多地要求監察人積極行使監察權。基於這樣的認識，我們對於監察權行使到什麼程度需要有更客觀的認識：監察人並不是越活躍約好，而是要根據公司的實際情況來判斷。

另一方面，由於監察人不直接參與業務經營，舞弊的機會較少，故股東和監察人之間很難出現激烈的矛盾。在陪都時期公司檔案中，有股東不滿董事經理人乃至驅逐董事長、解聘總經理的案例，但筆者沒有發現股東驅逐監察人的案例。

（二）筆者在閱讀陪都時期公司檔案過程中，有一種模糊的感覺，就是董事會和監察人之間關係很近，而不是矛盾激化的關係。董監聯席會議這一形式的推廣以及監察人經常性列席董事會，一方面是的監察人行使監察全的關口前移，更多地採取了事前、事中監督的模式；另一方面是否會造成監察人獨立性受到影響，導致不能很好地履行對董事的監督職責呢？這個問題很難從檔案中得到答案。

（三）最後，評價監察人發揮作用的好壞、強弱，需要有一定的參照系統。如果以陪都時期的監察人行使監察權情況來跟當代公司的監察人比較，筆者認為是前者的激勵機制比後者更有力，實際履行職責的表現也不弱於後者。具體說：

第一，陪都時期公司的監察人制度跟當代相比，沒有功能性的缺陷。

第二，陪都時期公司的監察人是公司股東，且享有輿馬費、年終分紅等待遇。

第三，陪都時期公司的董監經理素質普遍較高，從而監察人也有較強的行使職權的能力。

附件 1　本文研究的公司檔案名錄

1. **中國火柴原料廠股份有限公司**（1939～1949）

中國火柴原料廠股份有限公司於 1940 年 5 月成立，由劉鴻生等私人集資籌建。公司一度吸收官股改組官商合辦，並幾次更改名稱，後來官股退出恢復民辦。公司地址設在重慶，1946 年總公司遷往上海後，仍設西南分公司於重慶。公司內部設總經理、總工程師，下設總務課、業務課、財務課、工務課，各課下設業務股，並先後在長壽、昆明、貴陽、青島建立製造工廠及辦事處等機構。公司主要經營製造火柴原料、購運銷售有關化學工業原料成品及副產品、研究改進火柴製造技術及化工原料製造方法。重慶解放後，該公司改為公私合營，由重慶市人民政府企業局代管，1951 年交由西南軍政委員會工業部化學管理局接管。

2. **建川煤礦特種股份有限公司**（1940～1947）

建川煤礦股份有限公司於 1941 年 10 月成立。由經濟資源委員會、中國銀行、中國礦業公司三方投資組建，1942 年 7 月申請增資登記時改為特種股份有限公司。總公司設在重慶，各運銷地點設辦事處或煤棧。內部機構由董事會設總經理，下設礦場，工程處、總務處、會計處、營運處等。主要經營巴縣新豐鄉賴家坳口、人和鄉陳家溝、跳蹬場一帶煤礦的開採運銷及製煉礦產品。1947 年因礦井迭生故障，公司奉資源委員會令結束停辦。

3. **華安礦業股份有限公司**（1940～1950）

華安礦業股份有限公司籌建於 1940 年，1942 年 10 月正式成立。總公司設在重慶，視業務需要於各地設立辦事處。內部機構幾經演變，後期形成公

司下設總務科、財務科、會計科、合川辦事處、第一煤礦、第二煤礦、該公司主要經營開採銷售各種礦業產品（主要係煤焦）及投資各種礦業組織。重慶解放後，華安礦業股份有限公司於 1950 年 3 月由重慶市人民政府正式接收。

4. 維昌紡織股份有限公司（1940～1949）

維昌紡織股份有限公司成立於 1939 年，廠址設在重慶江北貓兒石，係私人集資經營紡織企業。公司內部由董事會設經理、廠長，下設事務主任（管轄人事股、庶務股、物料股）、工務主任（管轄紡部運轉股、織部一保金股）、會計主任（管轄會計股、出納股、工賬股）。該公司主要經營紡紗、織布、織染及來料加工等業務。重慶解放後，維昌紡織股份有限公司通過企業整頓改革，經上級批准，准予繼續經營。

5. 強華實業股份有限公司（1942～1952）

1920 年黃錫滋等人與法商吉利洋行合組聚福洋行，先後購買福源、福同、福來等輪行駛渝滬航線。1942 年 7 月 1 日法籍股東之股份全部轉為中方股東，乃改組為強華實業股份有限公司。總公司設於重慶，資本額為 500 萬元，該公司設董事 5 人，監察 2 人，總經理 1 人，下設總務、業務、船務、財務四處，並於沿江輪船通行之處設瀘縣、萬縣、巴東、三斗坪辦事處。1943 年 7 月 1 日該公司擴大資本 100 萬元，新增董事 10 人，新增監察 3 人。1945 年 8 月，該公司三斗坪辦事處向宜昌推進擴展為宜昌分公司，並在漢口、上海兩地增設分公司，南京設辦事處。總公司內部又增設總經理室、秘書室、稽核室。1949 年解放，該公司被人民政府接管。1952 年 7 月公私合營，定名為公私合營強華實業股份有限公司。

6. 復興隆煤礦股份有限公司（1936～1956）

復興隆煤礦股份有限公司前身是復興和炭廠，1936 年 7 月改名復興隆煤礦公司，1948 年 3 月增加股份，改組為復興隆煤礦股份有限公司。主要經營北碚二岩鄉甲子洞煤礦的開採業務。公司內部機構由董事會在經理室設經理，下設總務股、礦務股、會計股、各股下設若干組，分掌全礦各項事務。重慶解放後，1956 年 1 月，復興隆煤礦股份有限公司正式宣佈為公私合營企業。

7. 巴縣工業區電力股份有限公司（1942～1949）

巴縣工業區電力股份有限公司前身為巴縣工業區電力特種股份有限公司。該公司於 1944 年正式成立併發電。係官商合辦電廠。廠址設在巴縣漁洞

溪水子壩。內部機構由董事會設經理，下設總務、工務科、會計科等。電廠發電供應公司股東在巴縣區內所設各工廠所需之電力、電光、電熱、俟有餘地再行供給區內其他工業用戶。該公司 1949 年 8 月由資源委員會接辦。重慶解放後，重慶市軍事管制委員會派軍代表進駐電廠。

8. 三才生煤礦股份有限公司（1940～1946）三才生

煤礦股份有限公司係舊有三才生煤礦與中國興業公司合資組建，1940 年 7 月公司正式成立。公司董事會在總經理下設礦廠辦事處。總務科、營運科、會計科、礦廠下設採礦股、選煉股、土木股、機電股、運輸股、材料股、事務股、會計股、診療所、礦警隊等職能部門。主要經營四川省江北縣戴家溝一帶地區煤礦的開採煉焦。1946 年 1 月，三才生煤礦股份有限公司合併於天府煤礦股份有限公司。

9. 江合煤礦股份有限公司（1930～1949）

江合煤礦股份有限公司創立於 1907 年。1918 年爲援鄂軍收歸國有。1922 年四川省政府明令發還後，招股增資並更名爲「江合協記煤礦服務有限公司」，1946 年又更名爲「江合煤礦股份有限公司」。該礦位於四川江北縣水土鎮獅子口，採礦區先後發展爲龍王洞。石牛溝、獅子口、大河溝、周家溝、龍門浩等幾個主要礦廠和礦區。該礦主要組織機構爲：股東會、董監會、經協理下設有秘書、會計二室、礦辦、供應、業務三處。

10. 四川水泥股份有限公司（1935～1949）

四川水泥股份有限公司於 1935 年籌建，1936 年 10 月正式成立。公司初設在重慶南岸瑪瑙溪，係官商合資經營企業。內部機構由公司設總經理管轄總務股、營業股、會計室、稽核室，下設製造廠、製桶廠、石膏廠、採石處、運煤處、船務組、運輸組、翻砂部、合作社等。其主要業務是生產水泥組織銷售。1949 年重慶解放，公司由政府扶持恢復生產，由重慶市軍事管制委員會派特派員監督經營。

11. 四川絲業股份有限公司（1936～1951）

四川絲業股份有限公司的前身，即 1936 年 4 月由四川省政府與絲業商人合辦成立的「四川生絲貿易股份有限公司」，1937 年 5 月改組爲「四川絲業股份有限公司」。1938 年，「中國」、「農民」、「交通」三銀行和農本局入股，1939 年經濟部、川省銀行入股。該公司性質爲官商合辦，主要業務是製造、改良蠶

種，進行繰絲、生絲生產。該公司在重慶、南充、三臺、閬中設有辦事處，後來在合川、成都增設川東與成都兩辦事處，在上海設留守處，抗戰勝利後在香港設有公司。此外，在筠連、宜賓均設過辦事處。該公司還在主要產繭區設收繭莊 60 餘所，置烘繭灶 800 餘眼；在重慶、南充、閬中、成都設繭、絲倉庫 5 座。1938 年將絲廠調整為 6 家，1939 年擴充為 7 家，1943 年後減為 5 家；製種場，1938 年為 10 家，1943 年壓縮為 8 家，抗戰後僅留 6 家。另外，有附屬的綢廠、絹紡廠各一家。公司設董事長 1 人，由官股代表擔任。常務理事、董事、監事若干，總經理 1 人，協理、襄理若干。公司內部置總務、工務、會計科。

12. 重慶市輪渡股份有限公司（1937～1948）

重慶市輪渡股份有限公司，於 1938 年 1 月 1 日成立籌備處，先行租用民生公司民慶、民約兩輪和義渡囤船三隻在儲海線開航。約 4 月餘，派員赴漢購回三艘渡輪及機件，增闢朝江、朝彈、望龍等航線。略具輪渡初型，籌備處因此結束，於 1938 年 10 月 1 日成立公司。該公司以輪渡為營業項目，種類有橫江渡、順江渡、拖駁、應租等四種，屬官商合辦性質的股份有限公司。公司設董事 9 人，監察 3 人，經理 1 人。其內部組織機構初設業務、工務、會計三股，後又增設出納股和材料室。隨著業務擴大，先後開闢有儲海、望龍、朝野、朝彈、朝漑、朝佛等六條輪渡線。1949 年解放，該公司被人民政府接管，1952 年 6 月公私合營，定名為公私合營重慶輪渡股份有限公司。

13. 集成企業股份有限公司（1940～1951）

集成企業股份有限公司前身為農華油漆工廠，1941 年 10 月改組籌建成立。總公司設重慶，為私人集資經營企業。公司內由董事會設總經理，下設總管理處、貿易部、工務部、廠營業部等。經營範圍有油脂工業、顏料工業、教育用品工業、化工原料工業及其他化學工業項，實際主要從事印鈔油墨及各種其他油墨、顏料等的生產和銷售。

14. 重慶纜車特種股份有限公司（1944～1949）

重慶纜車特種股份有限公司於 1944 年 1 月 21 日由經濟部工礦調整處、重慶市政府、中國橋樑公司提倡發起，資本採取招募開股的辦法籌集，1944 年 3 月 22 日正式創立。該公司設有董監事會，設董事長、常務董事、經理、總工程師，下設總務、工程、機械、會計等組、其間幾經改組、公司一直沿

襲至 1949 年。

15. 大明紡織染股有限公司（1939～1950）

大明紡織染股有限公司於 1939 年 2 月盧作孚等人在重慶發起籌建，初名大明染織股份有限公司，後改稱大明紡織染股份有限公司，公司地址設在重慶北碚，1947 年 2 月曾遷往上海。內部機構由董事會設經理，下設文書科、稽核科、會計科、業務科、除北碚設工廠外，先後在上海、西安、寶雞、咸陽、遂寧、太和鎮、廣元、南充等地設立辦事處。主要生產花紗、棉布，經染色後運銷各地。重慶解放後，大明紡織染股份有限公司北碚工廠由重慶市軍事管制委員會批准，經整頓後繼續開工生產。

16. 天廚味精製造廠股份有限公司四川工廠（1941～1949 年）

大廚味精製造股份有限公司四川工廠，係 1937 年由上海廠內遷重慶組建，1940 年開始籌建，1941 年 8 月由經濟部批准正式成立。該廠內部機構在廠長以下設工務課、總務課、業務課、會計課（該課直屬公司）管理全廠事務。主要生產化學工業食用產品——味精。1949 年重慶解放後，該廠於 1954 年 10 月由私營改組為公私合營。

17. 天原電化廠股份有限公司（1936～1949）

天原電化廠股份有限公司於 1928 年由吳蘊初籌建，1929 年於 10 月公司正式成立。廠址設在上海白利南路。抗戰爆發後公司奉命遷川，於 1940 年選址重慶化龍橋貓兒石建廠，總廠設在重慶，分廠設在宜賓、長壽。公司內部機構在總廠下設秘書室、技術室、陶器部、事務處、業務處、會計處、敘分廠等，下設各業務股份掌各項事務。主要經營以電解食鹽製造鹽酸、漂白粉、燒鹼及其他化工產品業務。1949 年重慶解放，該廠於 1950 年 2 月改為公私合營。

18. 川康興業特種股份有限公司（1942～1949）

川康興業特種股份有限公司前有是川康經濟建設委員會，該公司成立於 1942 年 3 月，係官商合資企業。總公司設在重慶，川康兩省和全國部分重要城市設有分公司或辦事處。內部機構在總經理下設秘書室、技術室、稽核室、財務部、貿易部、工礦部等三室三部。公司主要業務是投資經營川康地區農牧產品生產、林木礦產開發、一般工業發展及貿易、運輸等事項、促進川康經濟建設計劃的實施。重慶解放後，1949 年 12 月由西南軍政委員會貿易部派人進駐，對該公司進行接收。

19. 華福捲煙廠股份有限公司（1942～1949）

華福捲煙廠股份有限公司於 1942 年 10 月成立，係私人經營企業。總公司設在重慶，1946 年至 1949 年曾一度遷往漢口、上海，1949 年 8 月，總公司再次遷回重慶。公司由董事會設經理，下設總務課、業務科、購運科、會計科、各分公司及工廠等。主要經營制銷各種捲煙。重慶解放後，1952 年 5 月南明、新國、大漢、大城、五福、南洋、華福等七個煙廠合併，成立重慶煙草公司。

20. 義大煤礦股份有限公司（1937～1952）

義大煤礦礦址位於四川隆昌縣石燕鄉，1937 年由義宣約股集資設定礦權，1939 年開始鑿井開採。1941 年與華僑企業公司合資經營，義大煤礦股份有限公司於 1942 年 1 月正式成立。公司內部由董事會設總辦事處（由總經理負責、下置出納、會計、文書、事務人員各若干）、礦廠管理處（由總工程師負責，下轄礦廠、會計室、俾木鎮辦事處）。主要經營隆昌縣石燕鄉梁脊灘地區煤礦的開採與銷售。隆昌解放後，該公司因經營不善，於 1951 年 5 月由川南行署工業廳和當地縣政府派出代管團代管。

21. 重慶福民實業股份有限公司（1940～1953）

重慶福民實業股份有限公司籌建於 1939 年秋，1940 年 1 月正式成立。總公司設在重慶市中區，係私人資本企業。內部機構由董事會設經理部，下設會計處、業務處、總務處、為發展業務、先後創辦有麵粉廠、碾米廠、毛紡織廠及機器製造廠等。主要以增加生產、調劑民食，並經營其他生產實業為目的。1949 年重慶解放後，該公司繼續申請開業，並逐步走上公私合營道路。

22. 重慶市自來水股份有限公司（1934～1949）

1928 年重慶商埠督辦公署督辦潘文華邀集全城紳商募款籌辦重慶市自來水事業，並於 1932 年 3 月成立重慶市自來水公司籌備處，開始營業。此為重慶自來水事業之發軔，1934 年 2 月，該籌備處改名為重慶市自來水廠整理處。1937 年 11 月，該處改組正式成立重慶市自來水股份有限公司。設董事長和經理各 1 人，下設總務、會計、業務、工務 4 科及秘書、稽核、設計、化驗 4 室，轄起水、製水、造礬、修理 4 廠及物料庫 1 個，售水站 39 個。1949 年重慶解放，該公司由人民政府接管，定名為公私合營重慶自來水公司。1952 年 5 月，原渝西自來水股份有限公司併入該公司。

23. 中國工礦建設股份有限公司（1943～1949）

中國工礦建設股份有限公司於 1943 年 2 月成立。公司總管理處設重慶，內部機構由董事會在總經理下設秘書處、總務處、會計處、處內設各業務課分管各類事項，並設有科學器材廠、機械廠、實驗麵粉廠等。主要經營製造工廠建設機械材料及精密儀器等業務。重慶解放後，該公司辦理結束。由西南區倉庫物資清理調配委員會分會於 1950 年 6 月接收。

24. 大川實業股份有限公司（1939～1951）

大川實業股份有限公司是上海大中工業社之一部，與山東陸大鐵工廠合併遷川組成，1939 年 8 月成立於重慶近郊黃沙溪。該公司係私人資本企業、董事會先後在總經理下設秘書室、會計室、工程師室、總務處、業務處、工務處。公司各廠主要生產元釘鋼針、石棉製品、車床刨床等工作母機及精細工具翻沙鑄件。1949 年 11 月重慶解放。50 年 5 月公司調整後重新向重慶市人民政府工商局申請登記，經領得工業營業證後繼續經營。

25. 北碚富源水力發電股份有限公司（1943～1952）

北碚富源水力發電股份有限公司於 1943 年 5 月由戴自牧、盧作孚等人發起，6 月成立。該公司設總公司於重慶，設總電廠和辦事處於北碚。公司內設經理、副經理、秘書、工程師各 1 人，下分總務課、業務課、技術課、會計課、電廠。資本總額爲 2000 萬元，經營水力發電，其性質爲官商辦的股份有限公司。1946 年 4 月總公司遷到北碚，原北碚辦事處改並業務課。重慶解放後，該公司於 1951 年 11 月公私合營，定名爲公私合營富源水力發電股份有限公司。1953 年元月 1 日，奉命與北碚電廠合併，改名爲公私合營北碚電力公司，富源公司即於 1952 年年底結束。

26. 寶元通興業股份有限公司（1930～1952）

寶元通商號於 1920 年 9 月在四川宜賓創立，先後在江安、南溪、瀘州、重慶、成都、昆明、南京、上海、香港、印度等地設立分支機構。1935 年總號由宜賓遷到重慶，1946 年 5 月正式成立寶元通興業股份有限公司及各分公司和辦事處。公司設總經理、副總經理，下設總務處、人事部、業務部、審計部。主要經營項目分商業和工業兩部分，商業方面經銷日用百貨、五金電料、工業機器材料、絲綢、呢絨、布匹、藥材等；工業方面辦有廠、茶廠、染廠、皮鞋廠、重慶解放後，該公司於 1950 年 2 月公私合營，業務先後移交中國百貨公司西南區公司及其有關國營機構接管。

27. 中國紡織企業特種股份有限公司（1942～1951）

中國紡織企業特種有限公司原稱中國紡織企業股份有限公司。該公司於1942年10月由杜月笙在重慶組建，1943年11月增資後改爲特種股份有限公司。公司內部設總經理、總稽核、總工程師，下設總務課、業務課、會計課、工務課及紡織廠和染整廠等。主要經營原棉的紡紗、織布、染整等紡織業務。1947年4月公司遷往上海，所屬紡織廠、染整廠併入中國紡織企業特種股份有限公司渝江紗廠。

28. 天府煤礦股份有限公司（1933～1949）

天府煤礦股份有限公司成立於1934年。1927年，盧作孚等爲開礦創立北川民業鐵路公司，聘丹麥人壽樂慈爲築路工程師，修築自嘉陵江岸白廟子，經水鳳埡到戴家溝一段鐵路。1936年6月竣工。1933年3月底組合同興廠、福利廠、又新廠、天泰廠、和泰廠、公和廠的資產爲股份，並邀集民生公司及北川鐵路公司投資。於1934年6月24日組成天府煤礦股份有限公司。推舉盧作孚爲董事長。1938年5月盧作孚與中福公司總經理孫越崎協議，將中福公司機器材料運川作爲股本，合併天府及北川兩公司原有資產股本，成立天府礦業股份有限公司，盧爲董事長，孫爲總經理。1946年又與全濟煤礦公司、嘉陽煤礦公司合併。仍名爲天府煤礦股份有限公司，隸屬資源委員會，由翁文灝任董事長，孫越崎任總經理。公司下屬天府、全濟、嘉陽三個礦廠；重慶、嘉陽二個營業處；成都、合川二個辦事處及五個採礦區。公司內部設董事會、監事會，以及經理室、秘書室、會計處、業務處等辦事機構。重慶解放後，該公司由川東工商廳於1950年接管，名爲公私合營天府煤礦股份有限公司。

29. 民生實業股份有限公司（1929～1950）

民生實業股份有限公司是解放前民族資本家中規模最大的一個航運組織，它的創辦人是盧作孚，成立於1926年7月。至解放前夕，該公司擁有船駁48隻，5萬多噸位，航線從長江發展到海洋。解放後，該公司於1951年11月經過整頓、改革，走上了公私合營的道路。

30. 華盛企業股份有限公司（1944～1949）

華盛企業股份有限公司於1944年2月由盛草臣等人發起籌建，同年4月正式成立，係官商合辦企業。總公司設在重慶信通大樓，1946年9月遷移上海。內部機構由董事會議設總經理，下設總務科、會計科、財務科、貿易部、

工業部、代理部等。主要以製造錫紙、錫箔、鋅片、銅板、鉛皮、金屬罐等並翻鑄製造修理各種機件運銷國內外，同時經營機器工業原料、五金另件、藥村、文具、紙張、花紗布及日用百貨和承銷專賣物、代理保險等業務。1949年解放後，該公司由上海軍事管制委員會進行接管清理。

31. 漢口裕華紡織股份有限公司（1933～1938）

漢口裕華紡織股份有限公司於 1920 年籌建，初期取名武昌裕華紡織股份有限公司，次年春經主管當局核准成立，在武昌城外下新河選址建廠。公司內部設業務處、總務處、財務處、會計處等。主要經營棉紗棉布的生產銷售。杭戰爆發後，公司奉令西遷於 1938 年遷移重慶。

32. 義生貿易股份有限公司（1940～1954）

義生貿易股份有份公司成立於 1940 年，總公司設在重慶人華樓街，係私人資本經商企業。公司內部機構初期由重事會設總經理，下設秘書處、稽核處、業務研究室及各地分公司。1941 年 1 月隨著業務發展，總經理下增設經理，以下改總務組（內設人事組、文書組、出納組、事務組）、會計股（內設帳務組、審核組、總帳組）、業務股（內設進口組、出口組、金融組）、信託股（內設倉庫組、報運組、代理組）、各分公司（內設總務組、業務組、會計組、機運組）及各地辦事處。公司主要經營運銷國貨工廠產品、內地土產、工藝品及進出口貿易等業務。全國解放後，總公司在上海參加公私合營，重慶資本申請加入公私合營重慶市投資公司。

33. 北川民業鐵路股份有限公司（1925～1938）

北川民業鐵路股份有限公司於 1925 年冬籌建，1928 年 10 月鐵路開工修建，1934 年 3 月全線竣工。該公司係江北、合川等縣士紳發起組織，於鐵路所在地設事務所，公司辦事處設於重慶，內部機構設有工務股、營業股、會計股、出納股、總務股等。公司集資修建江北縣境嘉陵江東岸白廟子起沿西山直達渠河東岸大田坎一線輕便鐵道，經營鐵路沿線煤、客、貨等運輸業務。1938 年 8 月，北川民業鐵路股份有限公司與天府煤礦公司、中福公司合併，組成天府礦業股份有限公司。

34. 和源實業股份有限公司（1934～1953）

和源實業股份有限公司成立於 1943 年，主要從事與國際貿易有關的豬鬃洗製、運銷。總公司設於重慶，在營業重要地點如成都、天水、廣元、閬中、

綿陽、樂山、宜賓、達縣等地設有辦事處,在南充、上海、香港設有分公司,在重慶、南充、瀘縣設有三個製鬃廠。公司內部組織機構設董事會、經理室,經理室下設業務股、會計股、總務股。1950 年,該公司實際公私合營,成爲西南貿易部指導下的一個事業機構。

35. 寶豐實業股份有限公司(1940～1954)

寶豐實業股份有限公司於 1940 年 5 月由康心如等籌建成立,係私人資本企業。總公司設在重慶,上海、天津、漢口設立分公司,成都、宜賓、合川設有辦事處。內部機構由董事會設總經理,下設總務股、會計股、出納股、莊務股、業務股、廠務股、運輸股、文書股等分管公司各項事宜。公司業務主要開展對外國際貿易,製造或經營進出口物資。1949 年重慶解放後,該公司仍繼續申請開業經營,並參加公司合營重慶投資公司。

36. 川康平民商業銀行股份有限公司

37. 大川商業銀行股份有限公司

38. 勝利銀行股份有限公司

39. 聚興誠銀行股份有限公司

40. 和豐貿易股份有限公司

參考文獻

一、著作類

1. 張忠民：《艱難的變遷—— 近代中國公司制度研究》，上海：上海社會科學院出版社，2002 年版。

2. 豆建民：《中國公司制思想研究》，上海：上海財經大學出版社，1999 年版。

3. 李玉：《晚清公司制度建設研究》，北京：人民出版社，2002 年版。

4. 李玉：《北洋政府時期企業制度結構史論》，北京：社會科學文獻出版社，2007 年版。

5. 楊再軍：《晚清公司與公司治理》，北京：商務印書館，2006 年版。

6. 上海市檔案館：《舊中國的股份制（1868～1949）》，上海：檔案出版社，1996 年版。

7. 汪敬虞：《中國資本主義的發展和不發展：中國近代經濟史中心線索問題研究》，北京：經濟管理出版社，2007 年版。

8. 嚴亞明：《晚清企業制度思想與實踐的歷史考核》，北京：人民出版社，2007 年版。

9. 張忠民等：《近代中國的企業，政府與社會》，上海：上海社會科學院出版社，2008 年版。

10. 張忠民、陸興龍、李一翔：《近代中國社會環境與企業發展》，上海：上海社會科學院出版社，2008 年版。

11. 張忠民、朱婷：《南京國民政府時期的國有企業》，上海：上海財經大學出版社，2007 年版。

12. 沈祖煒：《近代中國企業》，上海：上海社會科學院出版社，1999 年版。

13. 高新偉：《中國近代公司治理（1872～1949 年）》，北京：社會科學文獻出版社，2009 年版。

14. 朱蔭貴：《中國近代股份制企業研究》，上海：上海財經大學出版社，2008 年版。

15. 傅國湧：《大商人：影響中國的近代實業家們》，北京：中信出版社，2008 年版。

16. 科大衛（英）：《近代中國商業的發展》，周琳、李旭佳譯，杭州：浙江大學出版社，2010 年版。

17. 杜恂誠、嚴國海、孫林：《中國近代國有經濟思想、制度與演變》，上海：上海人民出版社，2007 年版。

18. 謝振民：《中華民國立法史》，北京：中國政法大學出版社，2000 年版。

19. 韓渝輝：《抗戰時期重慶的經濟》，重慶：重慶出版社，1997 年版。

20. 張弓、牟之先：《國民政府陪都史》，重慶：西南師範大學出版社，1993 年版。

21. 楊勇：《近代中國公司治理——思想演變與制度變遷》，上海：上海人民出版社，2007 年版。

22. 汪敬虞：《中國近代經濟史（1895～1927）》，北京：人民出版社，2000 年版。

23. 姚成瀚：《公司條例釋義》，上海：上海商務印書館，1914 年版。

24. 張家鎮等：《中國商事習慣與商事立法理由書》，王志華編校，北京：中國政法大學出版社，2003 年版。

25. 王效文：《中國公司法論》，袁兆春勘校，北京：中國方正出版社，2004 年版。

26. 季立剛：《民國商事立法研究》，上海：復旦大學出版社，2003 年版。

27. 李雨龍：《公司治理法律事務》，北京：法律出版社，2007 年版。

28. 魏淑君：《近代中國公司法史論》，上海：上海社會科學院出版社，2009 年版。

29. 張國福：《中華民國法制簡史》，北京：北京大學出版社，1985 年版。

30. 王孝通：《公司法要義》，上海：上海法學書局，1931 年版。

31. 謝懷栻：《外國民商法精要》，北京：法律出版社，2002 年版。

32. 郭衛：《大理院判決例全書檢查表》，出版者：萬籟，1932 年版。

33. 杜恂誠：《民族資本主義與舊中國政府（1840～1937）》，上海：上海社會科學院出版社，1991 年版。

二、論文類

1. 李玉、熊秋良：「中國近代公司制度史：史學領域的一塊處女地」，《社會科學研究》，1997（4）。

2. 姬沈育：「從中國近代公司制度的失敗看現代企業制度的建立」，《經濟經緯》，1998 年第 6 期。

3. 高新偉：「近代公司監察人的職能及評析」，《石家莊經濟學院學報》，2006 年 8 月第 4 期。

4. 張忠民：「近代中國公司的類型及其特點」，《經濟研究》，1991 年第 2 期。

5. 宮玉松：「近代中國公司制度不發達原因探析」，《中國法學》，1996 年第 6 期。

6. 張秀英：「近代中國公司制度的發展歷程」，《廣西師範大學學報》，2001 年 6 月第 37 卷第 2 期。

7. 張忠民：「近代中國公司制度的邏輯演進及其歷史啓示」，《金融與發展》，1996 年第 5 期。

8. 顧海榮：「近代中國公司治理變遷的基本線索」，《商場現代化》，2007 年 11 月（下旬刊）。

9. 高新偉、高丹：「略論近代公司少數股東的自我保護機制」，《蘭州學刊》，2006 年第 4 期。

10. 郭瑞卿：「略論近代中國公司法律制度」，《中國政法大學博士學位論文》2002 年 3 月。

11. 蔣燕玲：「論近代中國公司立法指導思想之嬗變」，《湖南科技大學學報》，2005 年 11 月。

12. 蔣燕玲：「論近代中國公司立法中商會的角色與作爲」，《河北法學》，2007 年 7 月。

13. 周春平、殷榮：「論近代中國公司制演變過程」，《學習與探索》，2001 年第 2 期。

14. 高新偉：「試論近代公司的'内部人控制'」，《天津社會科學》，2006 年第 4 期。

15. 曹成建：「試論近代中國公司法規對外資及中外合資公司之規範」，《四川大學學報》，1998 年第 3 期。

16. 常健：「我國近代公司章程制度的實施效果分析—以公司法律的變革爲線索」。

17. 高新偉：「中國近代公司監事會獨立性問題初探」，《蘭州學刊》，2008 年第 10 期。

18. 陳東：「英國公司法上的董事「受信義務」」，《比較法研究》，1998（2）。

19. 馬俊駒、轟德：「公司法人治理結構的當代發展」，《中國法學》2000（2）。

20. 張平：「公司所有與經營分離的統一——重塑公司法人治理基礎」，《法學》，2000 年第 9 期。

21. 楊震：「公司法人治理結構比較研究」，《中國法學》，1993 年第 1 期。

22. 金敏：「近代公司治理結構變遷：基於公司法律的視角」，《湖北社會科學》，2009 年第 3 期。

23. 熊秋良：「論民國初年的公司法規」，《四川師範大學學報》，1998 年 1 月第 25 卷第 1 期。

24. 朱伯玉：「公司法人治理結構的歷史演變及典型模式」，《山東大學學報》，2001 年第 6 期。

25. 趙洪忱：「完善公司法人治理結構的法學思考」，《湘潭大學碩士論文》，2002 年 4 月。

26. 潘序倫：「修正〈公司條例〉草案」，《銀行周報》，1928 年 5 月 8 日，第十二卷第 17 號。

27. 薛遺生：「修改〈公司條例之我見〉」，《商業月報》，第 8 卷第一號。

28. 王志華：「中國商法百年（1904～2004）」，《比較法研究》，2005 年第二期。

29. 徐光德：「我國新公司法與英美公司法之比較觀」，《銀行周報》，1931 年 10 月 6 日 15 卷。

30. 張企泰、張肇元：「新公司法解釋」，《中華法學雜誌》第五卷第六期。

31. 胡文濤：「1946 年〈中華民國公司法〉的產生、特點及影響」，《河南師範大學學報（哲社版）》2000 年第一期。

32. 亦民：「官僚資本窒壓下民營企業的厄運」，《聯合晚報》，1946 年 6 月 3 日。

33. 峙冰：「論股份有限公司之本質」，《總商會月報》，第二卷第九號。

34. 王效文：「論新公司法之定義及通則」，《法令周刊》，第十卷第六期。

致　謝

　　成文之際，我的心情很愉快。我很高興我選了一個好題目，考證和提出了一些新的問題，得出了一些新的結論。我的基本觀點是，陪都時期的公司法人治理水平乃至整個公司法律制度的水平已經達到了一個較高的高度，對其中的許多理念和具體制度，我們的認識還不夠，學習和借鑒更不夠。本文僅僅是進行了一些很淺的挖掘，還有很多寶藏等待我們去探尋。

　　在本文的寫作過程中，我得到了很多人的幫助：

　　在選題上，我的導師和論文指導老師陳金全教授給了我充分的自由，對於因最初選題不當而推遲答辯的情況給予了理解，支持我大膽嘗試，寫我最想寫的。這對於我選擇本題是非常重要的。

　　在文章結構和寫作方法上，陳教授、俞教授、曾教授、龍教授各位導師都給出了十分中肯、精當的指導意見。在初稿經過導師指導後，整個論文的結構明顯更加合理，頭重腳輕、觀點散亂的毛病得到了較好的糾正，特別是對董事會與總經理關係這一核心觀點的論證得到進一步深化。

　　在資料方面，我得到了重慶市檔案館、重慶市圖書館民國文獻閱覽室、民生實業公司研究室等機構的支持，查閱了陪都時期的公司原始檔案、法規、書籍和論文等資料。特別是重慶檔案館的工作人員，在我前後長達半年多的查閱過程中，不辭辛苦，從每家公司數百卷檔案中找出我所需要的有關公司法人治理結構的資料，使本文的研究獲得了大量一手資料的支撐。

　　民生實業公司 97 歲高齡的陳代六老先生，和民國時期中央大學經濟系畢業的 91 歲高齡的黃汝勳老先生，為我詳細介紹了他們關於民生公司以及陪都時期其他公司的親身經歷和感受，在提供了珍貴的信息的同時，還讓我感受

到歷史的親近。

　　在我寫作期間，我的妻子在生活上給了我細緻周到的關懷，努力爲我營造良好的學習和研究環境。

　　在此，我對幫助過我的師長和親友表示衷心的感謝！

感　言

　　以下文字，是去年論文成文的當晚，筆者在激動地心情中一氣呵成的產物。顯然，這樣感性的文字是不適合於作爲學術論文的後記的。不過，這段文字畢竟是有感而發，而且對本文的內容概括簡練而全面，再三思考，終覺不捨，故作爲感言列於此：

　　行文至此，一年半的陪都時期公司之旅即將到達終點。

　　一路走來，筆者對陪都時期的公司從陌生到熟悉，從漠然到感動，歷經掙扎求出路的痛苦，終於可以品嘗收穫的歡樂。

　　盧作孚、杜月笙、查濟民這些名字筆者原本熟悉，但在公司檔案中才眞正有所瞭解。作爲中國公司制度少年時期的踐行者，他們的認眞、努力和探索，令人欽佩。如果把公司法人治理結構比作舞臺，那麼他們就是全身心投入的舞者。

　　這時候，筆者最大的感慨就是：不要看不起他們，也不要看不起他們的舞臺；他們比你想像的也許做得更好，他們的舞臺也許更華麗！

　　股東會、董事會、經理人、監察人，是撐起陪都時期公司法人治理舞臺的四根柱子。

　　股東會：

　　「無爲而治」，儘量不干預經營管理，董監經理參與分紅，外加輿馬費，充分發揮積極性；

　　不少公司增資頻繁、股東人數增長較快，體現了股東在資金上的支持；

　　股東會會議程序比較規範，從會前的通知公告，會中的流程設計和「行禮如儀」，會後的書面報告，可以看出當時的股東及經營者對公司制度的敬

畏，令筆者又想起陳代六老先生所說的，「學得最早，學得最好」。

傳統習慣也在困擾著股東，公司沒有盈利，要不要領取股息？

委託他人出席，受託人不是股東，洩密怎麼辦？

表決權限制，尺度如何把握？

股東的權利意識、責任意識，在思索中走向成熟。

董事會：

廣泛的職權、頻繁的會議，是它的宣言：我才是中心！公司發展，當仁不讓。

設分支機構，我來定；營業方針，我來定；對外投資，還是我來定。

總經理，我來任免；協理襄理，我來任免；中層幹部，還是我來任免。

財務支出，我來把關；業務合同簽署，我來把關；購買房產，還是我來把關；

一個月開一次會，我不累；一個月看一次帳，我不煩。

股東會管的，我能管；總經理管的，我也能管，我是全能的董事會！

常務董事制度，我創新；董監聯席會制度，我探索；只要對工作有利，我都嘗試。

模糊的權力邊界，也給我造成困擾；惡劣的經濟環境，給我巨大壓力。路漫漫，上下求索。

總經理：

四根柱子之一，但長期以來，沒有名分，法律不規定，章程裏列爲「職員」之一，天生矮人一等。

董事會強，認眞執行；董事會弱，大顯身手；進退自如，也是風範。

是金子總會閃光。經營管理，靠我掌舵；一九四六，修成正果。

注：1946 年民國公司法首次將經理人單列一節予以規定。

監察人：

法定職責要履行，主動監督也嘗試，爲何誤解那麼多？

歷史掩於塵埃，殘缺的檔案未必是眞相。但這些隨機獲取的檔案至少告訴我們，對陪都時期公司的那些看法，需要重新思考：

公司法律制度眞的不發達嗎？

公司法人治理結構眞的「失靈」嗎？

公司的社會公眾性眞的普遍較低嗎？

……

觀點可以探討。重要的是，不要以居高臨下的姿態，也不要以最理想的模型，去評論陪都時期公司的法人治理結構。與當代中國公司比比看，也許陪都時期的公司做得並不差。再細緻一些，看看有沒有值得學習的地方。